HECHO(S) EN NUEVA YORK
Cuentos latinoamericanos

HECHO(S) EN NUEVA YORK
Cuentos latinoamericanos

plinio garrido

marithelma costa

jorge ignacio covarrubias

irene prieto

alfredo villanueva-collado

The Latino Press
New York, NY 1994

The Latino Press
First Edition, 1994

Published by The Latino Press
Latin American Writers Institute
Eugenio María de Hostos Community College/CUNY
500 Grand Concourse, Bronx, NY 10451

*The Latino Press is devoted to publishing the work of
Latino writers living in the United States.*

Library of Congress Cataloging-in-Publication Data

ISBN: 1-884-912-00-1

Hecho(s) en Nueva York. Cuentos latinoamericanos.
-1st ed. / p. cm.
Includes bibliographical references.
Includes index.
1. Title. 2. Latin American short stories-New York.
3. Latin American short stories-20th century.

Cover design by Jhovanny Camacho
Research by Elizabeth Correa

Printed in the United States of America

INDICE

PRESENTACION

Con *Hecho(s) en Nueva York: cuentos la-tinoamericanos* intentamos mostrar la vigencia de nuestro idioma común en la narrativa latinoamericana, en un mundo hecho a la medida del idioma inglés. Son voces provenientes de países demarcados entre sí por diferencias primero impuestas y ahora necesarias para la identidad particular, pero que nos unen y nos convocan a la unidad en estas latitudes, que nos confirman la maternidad geográfica y la paternidad lingüística comunes.

Los primeros cuentos de cada escritor en la presente antología, son los ganadores y finalistas del concurso que en este género literario convocó y llevó a cabo el *Instituto de Escritores Latinoamericanos* en 1990, pero que debido a distintos y necesarios cambios y ajustes que se han operado en esta institución, no había sido posible conjuntar en un tomo y editar éste como bien se merecen los textos y sus autores y como fue el propósito para el cual se instituyó dicho concurso.

Nos satisface que haya escritores de cuatro países latinoamericanos en el primer libro de *The Latino Press*, sello editorial que es un sueño realizado y que vislumbramos viable con el nacimiento del Instituto. Serán más los autores que publiquemos y en los diversos géneros literarios; quisiéramos decir que de todos los países, no sólo hispanoparlantes e hispanoamericanos, sino de todo el continente... y no únicamente en español.

Además de los cuentos ganadores y finalistas, hemos incluido otros de los escritores convocados en esta antología, buscando así que la muestra sea amplia; también, porque la naturaleza del género permite que cada trabajo sea un mundo aparte, quizás con sus propias leyes, y que al estar escritos o ambientados en distintas geografías, épocas, y acaso con percepciones y estados de ánimos diferentes, permita al lector una visión más completa del universo conceptual en que trasiegan los narradores reunidos en este libro.

Plinio Garrido

PLINIO GARRIDO: UN NOVISIMO ENTRE LA DINAMITA DEL POST-BOOM

Plinio Garrido (Sincé, Colombia 1948), nacido en las mismas tierras de su laureado coterráneo Gabriel García Márquez, ha logrado convertirse, con su terca fe en la palabra escrita, en una de las nuevas y más activas figuras narrativas del post-boom colombiano.

Al lado de Julio Olaciregui, Tomás González, Roberto Rubiano Vargas, Silvio Martínez Palau y Evelio José Rosero, entre otros novísimos de su país, Garrido ha contribuido en la última década al surgimiento de un nuevo cuerpo literario colombiano, cuyas características son la variedad y el transterramiento, el rompimiento de las barreras regionales y nacionalistas y la búsqueda de otros ámbitos urbanos mundiales.

Luego de publicar sus primeros textos en diarios colombianos, Garrido viajó a México, donde vivió un lustro dedicado a la actividad periodística y a la publicación de textos extraños que suscitaron la curiosidad de los lectores del prestigioso suplemento capitalino "sábado" del diario **uno**más**uno.**

Terco como pocos, el autor de "El virrey de Perú" no quiso seguir en México las trilladas sendas del caduco realismo mágico, y prefirió explorar la realidad sucia de las urbes, mediante una prosa abigarrada y loca en cuyos laberintos baila la música caribeña, el sonido de los émbolos industriales y la suciedad de los antros mexicanos y colombianos donde suena el lejano mariachi.

Garrido viajó después a Nueva York, desde donde siguió sorprendiendo a los lectores mexicanos y colombianos con crónicas semanales que se constituyeron en la bitácora de un exilio delirante: fábricas llenas de exiliados atrapados por el dólar, en un mundo concentracionario manejado por ominosos capataces surgidos de la miseria para dar látigo a sus congéneres.

Al descubrir ese mundo de horror, Plinio Garrido afinó sus armas humorísticas, mostrándonos lo grotesco de la vida laboral repleta de monstruos, enanos deformes, mujeres hombrunas y peludas, maricas tristes, negros gigantescos engarzados en la cadena industrial a desvirolados filipinos, coreanos, peruanos, salvadoreños, africanos, todos ellos expulsados del paraíso.

Mientras la sombra del "boom" cerraba las

puertas a los nuevos valores, Garrido dio un ejemplo al seguir fiel a la literatura, sin dejarse amilanar por el descreimiento de congéneres y editores, como una especie de Voltaire socarrón del siglo XXI que se burla del ser humano, ese animal terrible e implacable que aparece en sus historias emparentadas al realismo sucio norteamericano.

Han pasado los años, Garrido sigue frente a la máquina, y en estos momentos sus crónicas, novelas y cuentos son una bomba pronta a estallar: un mundo increíblemente original que no se circunscribe a las anécdotas de la patria sino que vuela por México, Centroamérica y Estados Unidos como fresco de un mundo bastardo y transnacional donde todos somos hijos de un planeta desquiciado.

Entre paisajes sacados de *Blade Runner,* la película emblema de nuestra generación en Bogotá, Nairobi, Nueva Dehli, Chicago, Tegucigalpa o Tijuana, Garrido asombró a los lectores colombianos del *Magazín Dominical* de "El Espectador", al ser lanzado allí como uno de los más brillantes exponentes de la diáspora literaria colombiana de fin de siglo, a la que pertenecemos una veintena de narradores prontos a explotar.

Con Plinio Garrido, la literatura colombiana del post-boom abrió un boquete por donde salen palabras llenas de dinamita imaginaria. Plinio desde Nueva York está quebrando la cristalería en un banquete literario mandado a recoger. En un continente que exige descorrer el velo literario tapado por los virreyes decadentes del "boom", Plinio Garrido es una voz necesaria y terrible.

Eduardo García Aguilar

CAMINO A CANADA

Como me lo habían dicho: aquí las puertas son de vidrio y se abren con sólo pisar el plástico que hay delante de ellas.

"Bienvenida a *America*", asegura mi tía Angélica que le dijeron los de la Migra de Los Angeles al sellarle el pasaporte. Claro, ella vino con sus papeles y todo, pues tiene la ventaja de trabajar para el Gobierno. El viaje por bus dura casi una semana. Y aunque no es muy económico es más fácil que tratar de venirse con papeles... y la entrada a este país es más que fija..., como quiera que yo lo he logrado. Lo más difícil es la travesía de México. Y los verdaderamente peligrosos —por lo tragones de dinero— son los policías mexicanos. Desde este lado de la raya entre Guatemala y México empieza la sacadera de billetes. Veinticinco dólares tuvimos que dar todos en cada puesto de revisión, tuviéramos o no papeles. Sacando la cuenta, me tocó soltar quinientos de los verdes. Lo más difícil son los tres mil y tantos kilómetros, o más —creo—, desde el Distrito Federal hasta la frontera con Estados Unidos. Eso sí, es cansón estar viajando mañana, tarde y noche. Y echarse a dormir resulta imposible. Sobre todo en los últimos días, pues las nalgas se le ponen a uno como cuando lo inyectan para sacarle una muela. Es bonito venirse en bus, ya que así uno puede conocer un poco de esa tierra... O bueno, parte de ella... Y con gente mejor vestida que en El Salvador y que en Guatemala... Y que va desde Tapachula hasta Nuevo Laredo y donde todavía se habla español...

Parece que a los que vienen con visa los de la Migra tienen la obligación de decirles: "Bienvenidos a *America*". Así los miren como a pulgas.

Los agentes de las migras allá en El Salvador, Guatemala y México no están autorizados para violar ninguna mujer con visa, por muy bonita que sea la hembra a la que le pongan el ojo. Las que vienen sin visa son las que salen perdiendo, porque los de la autoridad mexicana no perdonan una. Y muchas niñas que salen de Centroamérica sin haber conocido hombre ni en su cama ni en ningún otro lugar, resultan pariendo niños americanos acá, que unas veces son hijos de miembros de la autoridad mexicana y otras veces de coyotes. Dicen que hasta a los niñitos —cuando los contemplan lindos— se tiran los de la migra y los demás miembros de la autoridad mexicana.

El ecuatoriano que venía hablando conmigo, dijo que en la oficina de boletos de la *Greyhound* iba a encontrar muchos salvadoreños que viajan a Canadá..., quizás haya gente de Usulután.

La verdad es que no sé si el papelito que le compré al juez Valdivieso me pueda servir acá. Aunque él me aseguró que, aunque la guerra que libraron los de el Frente y la Fuerza Armada, ya se acabó, vendrá otra más fuerte todavía. Y que será organizada por los Estados Unidos: no le creo, porque en El Salvador a todo el mundo la guerra le huele y le sabe ya a mierda; y sí le creo, porque él ha sido juez, y esa gente sabe mucho. Así que, como decía el cantante ese ¿puertorriqueño?..., Daniel Santos —en eso de creer o no creer —, me encuentro en el tíbiri tábara. Me aseguró el juez Valdivieso que con el papelito me aceptarán acá como un refugiado adelantado de la guerra que viene. Donde deben saber ya si va o no va a haber otra guerra, es en el consulado de El Salvador. Allí de pronto me dicen si el papelito que le compré sirve o no sirve. Pero de pronto me ponen a llenar algún formulario y responder quién sabe cuántas preguntas. Y si se enteran de que Valdivieso ya no es juez y está preso, me quitan el papelito, pierdo mi dinero y quedo peor. Mejor me voy directo a Canadá, donde dicen que todavía están aceptando refugiados de la guerra que ya pasó. Dicen que únicamente tengo que mostrar el papelito a la Migra de ese país, para que me acepten como refugiado. ¿Será cierto que si saco fotocopias del papel que le compré al juez Valdivieso puedo vender éstas a los salvadoreños que no tengan ningún documento que mostrarle a la Migra de Canadá? Era lo que venía diciendo el de Costa Rica que viajaba en la silla de atrás. No sé cómo se enteró de que en El Salvador va a haber otra guerra. Pero como los seres humanos nacidos en Costa Rica son los más mentirosos de Centroamérica, no le creo mucho al cerote ese que venía en el bus.

No sé si tendré o no un buen negocio en mis manos. El tico me explicó que hay que ponerle otro nombre sobre el mío y volver a sacarle fotocopia para que pueda servir. De paso, me advirtió que tuviera mucho cuidado por aquí, pues parece que la 42 es la calle más peligrosa de Manhattan. Dicen que por aquí hay de todo en eso de la corrupción. Que hasta los maricas paren de lo corrompido que anda el mundo por este lugar. Me advirtió

Simplicio Morazán que aquí hay de toda clase de putería. Y ¡cómo! ponderaba a las muñecas esas de plástico que asegura él, son de lo mejor para que ningún hombre soltero duerma solo... y sin el peligro de agarrar una enfermedad en la herramienta. Dice Simplicio que uno las puede joder como si fueran una mujer. Debe ser muy bueno, pues ni comen, ni hablan ni reclaman. ¿Cómo serán? ¿En verdad lo tendrán apretado siempre? Simplicio no me dijo si tenían pelitos. ¿Serán así de suavecitos como los de Rufa?... Pues eso sí no me gustaría: que no tengan vellos en la entreparte. Porque toda mujer sin pelos *ahí,* es como aguardiente sin alcohol... Debería ir a conocerlas. Un ratico nada más. Pero no sé inglés. Y si alguien me pregunta en inglés que qué quiero comprar, pues me voy a quedar mudo, por lo que puede sospechar que soy un recién llegado sin derecho a venir a Estados Unidos, y corro el peligro de que me denuncie a la Migra, pues dicen que la Migra está pagando cien dólares por cada indocumentado que le lleven. Aunque en esos lugares ha de haber muchos catrachos y chapines atraídos por la novedad y echando una miradita. Y si ellos se atreven, ¿por qué no yo? Pero no sé inglés. ¿Qué se sentirá hablar inglés? Debe ser una sensación como para sentirse gringo. Entonces: ¿voy o no voy a ver las muñecas? ¿Pero y si me pierdo? No. No sé inglés y no debo ir. Yo vine fue a viajar a Canadá y no a ver muñecas de plástico. Mejor me acuerdo del primer día que vi a Rufa desnuda ¡y punto!

¡Cómo hay de negros aquí! ¿Por qué caminarán así..., como abejas sin rumbo? Es como si estuvieran perdidos... O como si no vieran. Y todos con la mirada triste..., aunque se estén riendo. José Eusebio Majano me dijo que eran peligrosos. Sobre todo, y según él, los más grandotes. Asegura que entre más fuerza tienen, más agresivos hacen ver que son. Pero que se muestren tristes o se estén riendo siempre, no quiere decir que sean peligrosos, pues los soldados de allá..., en los tiempos de la guerra, nunca reían ni tampoco andaban muy tristes que digamos. Igual los policías que hay ahora. Y cuando uno menos lo espera, le sueltan un tiro o le dan un culatazo... Como le ocurrió a Raymundo Cornejo en los tiempos de guerra, que le dispararon... porque llevaba puesta una camisa roja esa tarde de domingo en que los del Frente habían baleado a un coronel, a dos tenientes y a catorce soldados de la Fuerza Armada por Chalatenango.

Pero mejor aparto de mi mente los recuerdos de allá. Yo voy para Canadá y debo tener la vista fija en eso. Lo demás me pierde... ¿Qué querrá decir el negro ese con *smoc, smoc, smoc*? José Eusebio Majano me dijo que por este sector venden mucha marihuana y otras drogas en polvo, en piedra, en pastillas, en agua y en aerosol. ¿Será eso lo que ofrece el negro? Pero no creo, pues uno siempre oye que en Estados Unidos combaten la droga en el mundo entero. Y si lo van a hacer a Colombia, a Bolivia y a Perú y a México, como informa la radio allá en Usulután, pues con más razón lo tienen que estar haciendo aquí mismo. Y si ese negro estuviera vendiendo drogas, ya lo hubieran capturado y lo hubieran puesto en manos de las autoridades competentes. Además, ahí cerca del negro está un policía... Con eso de que ahora hay que tener permiso para trabajar aquí, ha de haber mucho centroamericano en camino a Canadá. Qué lástima, porque los dólares americanos son los que más valen. Y todo el mundo los compra enseguida y a buen precio. Yo creo que el dólar americano dentro de muy poco va a ser la moneda mundial. ¡Y que lo sea rápido!: pues así no tiene uno que estar viajando a ningún otro lado para conseguirlo...

Con que vaya gente de El Salvador para Canadá me conformo, pues iré hablando por el camino de cosas nuestras, así haya que hablar de puros muertos. Bueno, que si me toca al lado gente de Guatemala, Honduras, de Nicaragua o México es casi igual, pues al fin y al cabo tenemos el mismo pellejo, el mismo pelo y la misma nariz... y puede que hasta los mismos muertos. Los de Costa Rica, como son un poquito menos indianados que el resto de nosotros los demás, ya quieren ser gringos. Por eso no los trago...

Me gustaría comerme tres *hot dogs*. Deben ser más sabrosos hechos acá en su tierra natal. Pero ya vi que cuestan mucho. Y esos dos dólares los voy a necesitar en Canadá. Ahora, que si hago el negocio con el papel que le compré al juez Valdivieso me puedo comer uno... Dicen que en Canadá, si uno entra como refugiado consigue trabajo enseguida y hasta le buscan vivienda mucho mejor que las casas que el Gobierno de El Salvador le regala a los capitanes de la Fuerza Armada. Las de los coroneles y generales ya son mucho mejores, pues ellos también fueron de los que planearon cómo matar más de los del Frente, y se han ganado ese derecho. Ojalá y que en verdad estén dando esas casas en Canadá para sacarle una foto y enviársela al capitán Alfaro, el que me jodió el ojo de un culatazo. Así le demuestro que a pesar de tener un ojo menos, vivo mejor que él sin haber tenido que matar a nadie. Pero lo primero que quiero, una vez llegue a Canadá es que me den el empleo, pues con estos catorce meses que llevo sin hacer nada, soy capaz de trabajar toda la noche, después de haberlo hecho en la mañana y por la tarde, sigo hasta el día siguiente y en las demás horas por venir durante un mes completo. Descanso un domingo y vuelvo a repetir toda esa jornada cinco veces seguidas. Así, puedo recuperar el tiempo perdido, ya que lo que voy a ganar es en dólares y aunque no sean americanos, aumentan mucho allá en Usulután.

¡Un blanco y un negro juntos... y fumándose un cigarrillo entre los dos! La verdad es que aquí se ve de todo. Pues en Usulután, los gringos no se juntaban nunca con los salvadoreños. Andaban sí con los coroneles, pero ya uno sabía que estaban acordando asuntos de guerra. Porque con la gente normal de El Salvador nunca se codeaban esos gringos de la jodida, que no sé por qué les gusta tanto que nos matemos los unos a los otros.

Hubiese sido bueno trabajar acá en Estados Unidos, pues José Eusebio Majano llegó a Usulután con mucho dinero. ¿Seré yo el de malas? Tengo que preguntar dónde queda la venta de boletos de la *Greyhound*. Pero no sé inglés. Ese tipo que viene ahí no es americano ni negro, así que debe hablar español...

—¡Oiga, amigo!... ¿Dónde queda por aquí la venta de boletos de la *Greyhound*?...

—Don't bother me, man.

La suya. Pues he oído decir que "móder", es madre aquí. Y él dijo "moder"... ¿o "boder"? Bueno, en todo caso, si no me mentó la madre, tampoco quiso decirme dónde queda la oficina donde vende sus de boletos la *Greyhound*. Aquel que viene peinado con vaselina sí tiene que hablar español.

—¿La *Greyhound,* por favorcito...? ¿Dónde queda la venta de boletos?...

—¡Fuck you , man!.

¡Su madre!, pues aqui sí sospecho que fue un insulto. Bueno, pero me lo aprendí: "**¡Focquio yu man!**". Y Suena hasta bueno: ¡FOCQUIO!... ¡FOQUIO! ¡FOCQUIOYUMAN!

Tengo que encontrar esa jodida oficina de la *Greyhound*... ¡Claro...! ¡Con razón no me entendían! Si yo estaba diciendo boleto. Y aquí se dice *ticquet*. Bueno, que José Eusebio Majano me advirtió que aquí nadie ayuda a nadie... Y él mismo no me ayudó: pues no me advirtió que debo decir ¡*ticket*! Lo que tengo que buscar es el aviso con un animal: perro o pantera... no recuerdo si blanco o azul, con un salto que es de vuelo, y el cual parece hacer por computadora, como dice mi tía Angélica que hacen aquí todas las cosas. Todos los que están aquí y han nacido al otro lado de la orilla del río de la frontera, se parecen a mí. Y alguno de ellos debe ser de Usulután. Nada más que nos choquemos la mirada y lo identifico. Es la misma mirada mía cuando me miro en el espejo. Pues en Usulután todos tenemos la mirada parecida, ya que de tanto susto a la hora diaria del ayuno, ninguno ha escapado de ese temblor quieto que se quedó plantado en nuestros ojos, tras haber visto a tantos cristianos matando a otros cristianos.

Aquél no es de Usulután, pero estoy seguro que es de El Salvador. Por ahí de San Vicente, pues esa arruga en el entrecejo seguro que le quedó del domingo aquel de los treinta y siete muertos en la cañada; es como si a él le hubiera tocado la muerte de los perros de su casa junto con la de sus padres, el único tío que le quedaba y el buey de la yunta. Debe estar seguro que lo hicieron los del batallón que todavía comanda el coronel "Amarguito" Magaña, pues cuando lo hacían los del Frente, la tristeza se nos venía por el lado opuesto. Como si en vez de entrar por el boquete de nuestras entendederas, lo hubiera hecho por el de nuestros sentimientos. Seguro que todos esos van para Canadá. En ese viaje me voy yo. Hay de todos lados de Centroamérica. Ese del rincón, es de Guatemala. Nada más con verle la boca medio torcida hacia abajo para saber que viene huyendo de algún dedo de la Mano Blanca. Aquél es de Nicaragua. Habla bastante. La de la camisa de cuero y la del cigarrillo a punto de quemarle los labios, son también de Nicaragua, pues se parecen a esas mañanas en que no para de llover pero el sol se mantiene caliente. De Honduras parece que no hay... ¡Sí, sí!: los dos apoltronados en esa butaca y ese del gorro, y la mirada a medio camino. ¿Por qué tendrán ese tipo de mirada los de Honduras? Es como si andaran con un costal de cuentas en la espalda que no se atreven a cobrar. ¿Será que el SIDA vuelve así a quien le cae?

A ese de la fila para comprar los boletos, con camisa de soldado, no se le distingue la raza. Ha de ser de Belice, creo yo. Pues mueve los labios de otro modo.

Panameños, no hay. Me dijeron que los panameños, una vez pisan tierra americana se quedan en Miami. Asegura José Eusebio Majano, que los panameños dicen que, a pesar de vivir en esa ciudad la gente que menos soportan, es donde mejor se sienten, debido a la cercanía con su tierra.

Debo decir *ticquet*. ¡Eso es: *ticquet!* Pero ¿y lo demás: a dónde me dirijo y otras cosas que seguro me van a preguntar? No. No puedo comprar el *ticquet* sin saber a qué lugar voy a viajar. Necesito averiguar los mejores lugares en Canadá. Le voy a preguntar al de San Vicente. Espero que no me conteste con silencio, pues que una persona del mismo pueblo de uno o de allí cerquita, no lo atienda como hermano en tierra extraña, ha de doler más que una patada de mulo en plena ingle. A ver si antes de que nos vayamos, consigo hacer negocio con el papel que le compré al juez Valdivieso. Me toca explicar lo de las fotocopias, e ir a sacarlas con los que quieran tener el papel para entrar a Canadá. Se lo voy a entregar sin nombre y que ellos después le pongan el que mejor les convenga. Ojalá y que las mujeres viajen con nosotros. Siempre es bueno sentir el pefume a enaguas sudorosas... Aunque a veces el olor es demasiado fuerte y hay que abrir las ventanillas. En el viaje desde El Salvador venían muchas mujeres, pero la migra entre Guatemala y México se quedaron con las nueve mujercitas que venían en los asientos junto al chofer. La señora con los dos niños: el cieguito y el otro con el brazo derecho hasta el codo y con el hilo de baba cayéndole siempre por una esquina de la boca, se bajó en la capital mexicana. Las tres mujeres medio nuevas que cotorreaban detrás de mí, fueron sonsacadas a quedarse por los policías esos de Nuevo Laredo. Y en la pasada desde el Río Bravo a San Antonio, los coyotes desplumaron como a pajaritas y se fueron tirando una a una a las seis orgullosas que venían juntas en la parte de atrás del autobús.

Bonita aquella chiquita de ojos con el color de la tierra. Esa se la tiró el asqueroso tuerto que andaba con la pistola amenazando con pegarle un tiro a todo el mundo. Maldito tuerto, se comió la mejor presa. Y uno sin poder decir nada, pues enseguida van disparando. Y para que lo mate a uno un coyote, mejor que lo haga, como dicen en Usulután, un soldado de la patria. Aunque ahora tendrán que cambiar el soldado de la patria por un policía de San Salvador. A propósito... ¿cuál será mejor... matando menos gente? Pero volviendo a la bonita del viaje que se tiró el coyote tuerto, creo que la iban a vender en un burdel de Los Angeles, pues la muy tonta confesó que de pronto quien la esperaba no tenía todo el dinero para pagarles lo que les quedaba debiendo. La otra bonita, aquella que venía con su esposo no fue tocada por ningún coyote, pues como su marido era tan gigante, los jodidos esos no se atrevieron a tirársela. El tuerto no dejaba de mirar a esa bonita y se le notaban las ganas de caerle encima, pero con la cara de tigre del marido, pues no se atrevió.

En el avión de San Antonio hasta Filadelfia o ¿Pensilvania? —...no sé—, venían muchas mujeres. Pero esas sí, ya distinguidas. Claro, son blancas, americanas y bonitas. Dicen que la mayoría de ellas tiene SIDA. De eso debo cuidarme, pues parece que en este país dicha enfermedad llueve tres veces más que las balas de los helicópteros del coronel Malmierca sobre las afueritas de Usulután. ¿Por qué será que los que más andan con esa enfermedad tan moderna en Centroamérica, son los hondureños? No me acuerdo a quién le oí decir que quienes la importaron fueron los soldados americanos que desde hace años viven en esa tierra tan bonita. Lástima que los hondureños no le hayan echado verga a los gringos, por lo del SIDA. Yo creo que esa también fue una causa para que los muchachos del Frente hayan empezado la pelea, pues de seguro que los gringos querían llenar a El Salvador con sus soldados cabalitos de SIDA. ¿Será cierto que quienes más andan con el SIDA en Estados Unidos son los negros y los hispanos? Mi tía Angélica dijo que el SIDA lo trajeron unos marcianos que visitaron a Nueva York la vez aquella que aquí se fue la luz por todas partes durante largo tiempo. Pero Simplicio Morazán asegura que dicho mal lo inventaron unos militares de no sé qué país, para echárselo a sus enemigos en los momentos de guerra. La verdad no sé a quién creerle. Voy a acercármele al de San Vicente. Le voy a contar que soy de Usulután. Así, nos hacemos compañeros de viaje. Y si él sabe, que me diga dónde toca bajarse como refugiado en Canadá. Pero que primero me indique cómo mover la boca para decir *ticket* y todo lo que a uno le preguntan... y que me entiendan. Si me ayuda a proponer las fotocopias del papel que le compré al juez Valdivieso, le regalo una. Y también voy a comerme mi buen *hot dog*... Si hago el negocio.

Me hubiera gustado quedarme aquí. Pero no se puede por la nueva ley. Y es que, una cosa es decir trabajé en Canadá y otra lo hice en Estados Unidos... Una cosa es haber pasado por un país como éste...(¿País?... ¡Mundo!) y otra, es haber vivido acá, aunque sea un tiempito. A ver si me quedo de regreso. De pronto ya han cambiado de presidente y se acaba esa ley. Pero tampoco alcanza..., si es como en El Salvador, que cuando los militares cambian a los presidentes es para que las cosas pasen, de mal, a peor. Si puedo quedarme... cuando regrese de Canadá, trabajaré de lavaplatos. El oficio que siempre soñé hacer en Estados Unidos. Ahora, pues no me queda otro camino que seguir adelante, camino a Canadá. Parece que el dólar de allá es más pequeño que el de aquí. Pero de todos modos tiene que ser gigante, comparado con la moneda salvadoreña... Dicen que Canadá está en lo más alto de la tierra. ¿Quién me habló de eso? ¡Ah!, fue el cura Eliogábalo. Jodido cura. Para enseñarme a leer y a escribir tenía que lavarle las medias y llevarle razones a la hija de Tarcisia, su novia de entonces. Bueno, pero me enseñó algunas cosas que le creí, otras no. Buena la clase de geografía y la de los trabajos manuales, los cuales, eran más bien oficios, pero a veces divertían.

Cuando el padre Eliogábalo nos hablaba de geografía era como si estuviera celebrando misa. Nos decía que más allá de Canadá queda el confín de la tierra, donde todo es puro hielo. Y no ve uno más que cielos nublados, osos blancos y hombres pequeños que comen carne podrida. Nos decía que esa gente es todavía más fea que nosotros los centroamericanos. Recordando bien la cosa, el padre Eliogábalo no daba paso en falso: igualito al catracho Guillermo. Aquél de apellido Quimera. Del que dicen que una vez nació, su mamá se murió para no tener que soportarlo. Ese tal Quimera, quería andar utilizando a todo el mundo en su beneficio... Pero de quien parecía hermano gemelo el padre Eliogábalo era del difunto Pirulino Mercader, que a todo quería sacarle provecho. El muy cerote era de los que se roban el jolote, venden el jolote y comen del jolote. Me acuerdo que, rapidito, Guillermo Quimera se quedó sin amigos y le tocó irse de Usulután. A Pirulino Mercader lo mataron comiendo. A Ovidio Mijango, el hijo de la señora Eulalia le tocaba darle de comer a la yegua esa que nunca montaba el padre Eliogábalo, pues para eso tenía su buen *jeep* Land Rover; aunque muchos dicen que la utilizaba por las noches, las veces que la hija de Tarcisia Duarte o la viuda de Pirulino Mercader no iban a arreglarle las ansias. ¿Por qué el cura Eliogábalo se ponía tan alterado cuando nos enseñaba religión y le brillaban los ojos como candela a media noche cuando decía que toda autoridad viene

33

de Dios? ¿Será cierto eso? A propósito, ¿por qué le tendría tanto odio el padre Eliogábalo a Monseñor Romero? Hasta después de muerto hablaba mal de él, el muy cerote. Pensaba igualitico que el mayor D'Abuisson. Y decía lo mismo que el cerote de D'Abuisson: que Monseñor Romero era comunista. ¡No!..., coma mierda. Yo conozco a los comunistas nada más con mirarlos a la cara: sus ojos son, uno como un cuchillo de fuego al rojo vivo, y el otro como un cuchillo de hielo. Son bien cabrones los jodidos, ¡bah! Y Monseñor Romero tenía la mirada como de seda... o más suavecita todavía. Y lloraba cuando se quedaba mirando a los niños; era la pura tristeza, pero revuelta con un cariñito que parecía que él también fuera un niño para poder sentirlo así. Ahora dicen que el Papa lo va a nombrar santo. ¿Cómo tendremos que decirle?: ¿San Arnulfo o San Monseñor Romero? ¿San Monseñor Arnulfo Romero? ¡No, es muy largo! De pronto San Monse. ¿Por qué tendrá que ser el Papa quien lo nombre santo? Yo creía que a los santos los nombraba Dios..., allá en el cielo. Para una vez con su título, venirse a la tierra a estrenar el grado, haciendo favores a todo aquél que lo necesite...

¿Por qué habrá matado Dios al guerrillero ese del Frente, Guillermo Ungo, al ex presidente Napoleón Duarte y al mayor D'Abuisson del mismo mal?... ¿Será que los jodidos mandaron a matar la misma cantidad de gente? Debe ser eso. Si es así, de seguro que los va a arrodillar, juntos, en un patio lleno de piedras calientes, y ahí va a dejar a los muy cerotes hasta que el mundo deje de ser mundo...

No sé por qué pienso una y otra cosa y me distraigo. Debo estar atento a lo que me toca hacer aquí. Lo demás me pierde. Ojalá y las nicaragüenses desocupen al de San Vicente, que es a quien le he tomado confianza para preguntarle y que además me ayude a vender las fotocopias del papel que le compré al juez Valdivieso. ¿Habrá de la Migra aquí? Ojalá y que no. No, seguro que no... Aunque dicen que en este país cada uno tiene un policía para vigilarlo de que no cometa ningún delito. Eso, lo dijo la tía Angélica en la reunión del puesto cívico. Me acuerdo...

De ser cierto eso, Estados Unidos es el únco país que se parece al cielo, pues éste le pone a todo cristiano un ángel de la guarda al pie, para que lo cuide de no pecar, según nos decía el padre Eliogábalo, en la oración de antes de comenzar la clase.

Pero la verdad, yo no creo eso de que aquí hay un policía para cada gringo, porque entonces cómo puede explicarse de que todos los días, en las noticias que uno oye por la radio de Usulután, informan por ejemplo que una viejita dueña de un asilo para viejitas más viejitas que ella, mató a siete de éstas para quedarse con sus cosas; eso, digamos, en Los Angeles; que en Nueva Jersey una maestra violó siete veces a setenta niños en el sótano de una escuela; que cuatro policías molieron a palos a un tipo de República Dominicana, aquí en Nueva York y, otro policía en Long Island, le puso una bomba en el carro a su mejor amigo, y también policía, porque éste le estaba dando pija a su mujer desde la semana siguiente de su matrimonio, diez años atrás. Por eso dudo mucho en creerle a la tía Angélica, ya que como ella trabaja para el Gobierno, pues aumenta o disminuye las cosas según su conveniencia... Yo no digo que allá en El Salvador no ocurran cosas horribles, pues sería tratar de tapar el cielo con la uña de un niño enano. Pero los soldados de allá se tiran únicamente a lo que son puras niñas. Nunca han tocado niños varoncitos... Que yo me acuerde, eso únicamente lo hizo el viejo coronel aquél, de la Fuerza Armada... Diosdelo Diosdado, en Santa Ana, que le destrozó el cuerpecito al hijito de la señora que le trabajaba en la casa. ¿Qué fue lo que dijo en esa ocasión el cura Eliogábalo?... ¡Ah!, que era que en ese momento Dios se hallaba distraído jugando al ajedrez y el diablo se había aprovechado de tal distracción para empujar al coronel a cometer dicho pecado, pero que el coronel era buena gente y un cristiano para ponerlo de ejemplo a todo el mundo. Pero bueno, eso, allá en El Salvador, un caso en cien años. Ahora que, cuando fueron violados y asesinados los siete niños en Sensuntepeque, no hubo duda alguna de que fue el sargento Kid People, el que trabajaba en Cabañas enseñando a los soldados del coronel Zoilo Gamotías, a hacerle confesar a todo el mundo, lo que nadie sabía acerca del Frente. ¿Por qué a los americanos les gusta tanto los niños... para tirárselos? Claro que, también les gusta la otra cara de la moneda. Me acuerdo que cuando yo estaba todavía tierno, aquel mister ¿Tom Thompson?, creo que así es que se llama... si no se ha muerto, el cabrón no desperdiciaba ocasión para manosearme el camote... pero yo me le negué siempre, pues debe ser de lo más asqueroso del mundo eso de... Mejor ni lo pienso. Dicen que los soldados gringos que viven en Comayagua no han dejado piedra sobre piedra tirándose a cuanta muchacha y muchacho caen en sus manos, y los catrachos... ¡cabrones!: preocupados únicamente sobre si el Olimpia Fútbol Club le gana al Marathon Fútbol Club.

Volví al piense y piense en lo de allá, cuando debo estar siempre acá en cuerpo y alma. A ver si en Canadá no nos rechazan..., ya que el tico del bus, dijo, para que todos los salvadoreños que veníamos en el bus oyéramos, que en Canadá piensan quitar o volver más pequeña y exigente la gracia para los refugiados de Centroamérica, pues como él sabe que los guanacos somos los más necesitados. Lo que yo tengo que hacer es llegar antes de que dicha gracia se haga más pequeña, o se agote. ¿Y si no me aceptan en Canadá? ¿Qué hago? ¿Seguir hasta el último punto de la tierra? Porque regresarme para Usulután con las manos vacías no puedo. Necesito ganar el dinero que me prestaron para el viaje, y el cual Rufa quedó en pagar antes de seis meses.

¿Y si me quedo aquí?. Pero me puede ir peor..., por lo que dicen, que si no es con permiso, no puedo trabajar. La verdad es que el mundo anda cada vez más feo y uno queda como sin esperanzas. Habrá que seguir resistiendo.

Tengo que llegar a Canadá, pues bien sé lo que le ocurriría a Rufa y a Vicentico si no pagamos a tiempo. Pero no debo pensar negativo, pues así sólo le doy oportunidad a lo malo de que ocurra. Quizás nos acepten en Canadá y hasta... puedo entonces... mandar por Rufa y Vicentico. Y que se vengan con visas como la tía Angélica. Sin ningún problema y viajando desde San Salvador directo a la parte de Canadá donde yo llegue y me establezca. Y que coman *sandwiches* y hambuguesas. Comida fría, de esa que cuenta la tía Angélica que dan en los aviones. Que no coman los tacos esos de canasta..., como los que compré en la terminal de buses de Nuevo Laredo que, primero, me verguearon las tripas con dolores que parecían puñaladas y, después, me alborotaron las hemorroides.

Ojalá y todo ocurra como lo espero... y lo necesito, y no en forma contraria: que me deporten a El Salvador. Pues si regreso sin dinero para pagar la deuda, a morir se dijo.

LOS NIÑOS CANTORES DEL METRO

A **unomásuno**.
Y al entrañable México D.F.

Con temor y mirando hacia todas partes se metieron en el tren, en la estación "Zapata".

Ella —quizás—, buscando configurar en su porte y ademanes, la mejor expresión de una Madonna decidida y triunfante.

El menos debilucho de sus compañeros es algo así como un Plácido Domingo con morada circunstancial o habitual bajo los escombros, vestigios florecientes —atrapados por las telarañas y el moho— del terremoto ocurrido tantos años atrás, el cual derrumbó cuanto había erecto y era nuevo en el primer cuadro de la gran urbe y convirtió sus cimientos en catacumbas donde, en número por siempre jamás incognocible, quedaron sepultados los miles de cadáveres que nadie reclamó.

El otro, el verdaderamente enclenque y cuyos ojos emiten efluvios de caóticas ensoñaciones y esperanzas, gasta modales de un Elvis Presley proveniente de Tlalnepantla o Nezahualcóyotl.

Ocupan la penúltima y última sillas. Elvis y Plácido viajando como en avanzada hacia el regreso, frente a Madonna, y cuidando la vigilia de ésta, ya que de cerrar los ojos, empieza a roncar, resultando entonces difícil y doloroso despertarla.

Madonna es blanca, delgadita, fina. Su cabello y su frente semejan los de la legendaria Madonna-arquetipo producida al otro lado de la Gran Muralla Americana y hoy yacente y en el *camposanto* colgante de Arlington, tras sucumbir, víctima de una de las plagas que convirtió a la ciudad de Hollywood en panteón nacional de América Universal.

Los ojos de Madonna semejan rasgaduras de agua detenida y se advierten opacos e incoloros a través del sube y baja de sus escasas pestañas que, dado su incesante revoloteo, parecen alas de colibrí. Pero es que es la única o mejor manera de acomodarse a la fría fluorescencia de tantas lámparas.

Plácido no esconde su orgullo de descendiente lacandón en primera línea. Es regordete. Pero es algo que se merece, pues para eso aprendió a robar tacos de canasta a los vendedores que se distraen mirando los cuerpos —metidos casi a la fuerza en cortas y ceñidas faldas— de funcionarias, ejecutivas, secretarias y aseadoras que trabajan en los galpones comerciales alrededor de la Alameda, o en la *American Tower* o en el *Domo Arigató*, el mercado de piedras blancas para misceláneas electrónicas, construído en la segunda era —llamado entonces "Palacio de Bellas Artes"— y adquirido y rediseñado por la "Toyota-Brave River".

Elvis tiene altos los homoplatos y delgado el cuello, lo que sugiere a quienes lo miran, una cabeza de proporciones por encima de lo normal.

Tan especial circunstancia influye negativamente en su autoestima, hasta el punto de hacerlo creer que, el infortunio de no haber nacido en colonias como Polanco, Coyoacán o por lo menos en la Narvarte, y de no tener escafandra con ribetes argénteos, es natural consecuencia de que su cabeza haya nacido grande y que le siga creciendo en desproporción con su edad y su cuerpo. Con el agravante de que su pescuezo tenga que sostener un peso por encima de sus fuerzas. Contrario a Madonna y Plácido, a Elvis sí le afecta los ojos la gruesa capa de *smog* que permea sobre el perímetro urbano y cuyas inasibles y diminutas perlas de negro algodón se instalan en los ojos, en la nariz y en la boca.

La sordera que produce dicho *smog* suele ser inequívoca señal de reblandecimiento óseo (a veces parcial, a veces total), a corto plazo. Lo que hace que cada vez sea mayor el número de personas cambiando los protectores que únicamente cubren nariz y boca... —más— las gafas especiales para taparse los ojos, por la máscara integral que cubre toda la cabeza y que está conectada a un tanque de oxígeno colocado en la espalda y sostenido por dos cintas cruzadas al modo como los ya míticos forajidos Emiliano Zapata y Pancho Villa, utilizaban sus cananas cargadas de balas.

Pocos humanos se han hecho resistentes y han asimilado la estructura molecular del *smog*. Por lo que resultan cada vez más las personas que utilizan cualquiera forma de protección, en su afán por extender sus expectativas de vida sino algunos años, por lo menos un buen puñado de meses. Animales ya no quedan.

Tal parece que el *smog* estacionado en el cielo de la megalópolis, está compuesto por una combinación de ácidos capaces de pulverizar las defensas orgánicas de los seres no pensantes. Por lo que, excepto las ratas y las cucarachas, todo tipo de bichos han desaparecido del casco urbano y sus extramuros.

Ocasiona tanto daño el compuesto químico que sobrevuela el espacio aéreo de la gran ciudad —para los organismos cuyas cabezas son depósitos de cerebros no pensantes—, que se ha constituido en promisorio negocio, eso de instalar saunas con "*spas* personalizados para pensar*" y donde, si la publicidad no miente, es posible combatir la trabazón que resulta de tener la mente en blanco y, consecuencialmente, convertirse en carne de cañón para un *smog* que no perdona.

Quienes nada usan para protegerse y sus organismos no han logrado la asimilación, suelen caer muertos repentinamente en la calle. Sin embargo, no duran mucho tiempo a la intemperie. Ya que, al desplomarse, estimulan los sensores instalados a lo largo y ancho de la ciudad. Estos sensores —dada la alta tecnología con que han sido fabricados por la Fuji-Nahual Incorporate—, nunca fallan. De modo que una vez el hálito vital se escabulle del cuerpo hecho carroña por la *polución*, el agudo bisbiseo electrónico del dispositivo llega a los oídos de quienes manejan las ambulancias de "Sanidad Ambiental". Estos anfiteatros rodantes disponen de acceso preferencial en cualquier vía y sobre cualquier otro tipo de vehículo de servicio emergente. Lo que no pone en duda que, al término de la distancia, recojan a los petateados y los trasladen al crematorio instalado en Texcoco.

La ceniza que resulta de tales cremaciociones, es mezclada con brea y utilizada para rellenar los baches en los sitios históricos al norte del primer cuadro y, desde hace una década, reservados para los turistas provenientes de latitudes donde el desarrollo ha difuminado la apetencia hacia cualquier tipo de sensaciones, que son los que más dinero gastan.

Madonna se pepenó unas bonitas gafas rojas, de vidrios graduables según la necesidad, y se las obsequió a Elvis. Por su parte, Plácido se pepenó un tapa-boca y un tapa-orejas, también para Elvis. Pero éste, se niega a utilizarlos. Dice que su cuerpo va a conseguir *La Neta,* nombre que ha ganado la asimilación en el lenguaje coloquial de extramuros.

Madonna y Plácido ya han logrado *La Neta*, por lo que son parte integrante de la excepción en ese vagón, donde la mayoría de los usuarios con tapa-bocas, tapa-narices y tapa-orejas, expresan ya en sus rostros el rictus de la resignación.

A quienes utilizan rústicas máscaras —hechas en talleres de las zonas habitadas por "desechables potenciales"— y los dispositivos que evidencian lo recursivo de la imaginería popular, para nada se les nota dicho rictus. Lo anterior, denota que "el SIDA flotante" (así llaman algunos al pútrido oxígeno) los ha chingado recio, por lo que quedan inmersos en el afán —que se colige colectivo— de salvarse de una muerte repentina al caminar por una acera o al caer como fulminado por un rayo mientras se anda de compras en los *tianguis* de la cadena "Kagasaguas", cuyas franquicias, en evidente mayoría, están en manos de coreanos, neo-cubanos y argentinos de viejo cuño.

La preocupación de no petatearse en la vía pública tiene sentido..., si nos ponemos la mano en el corazón y con sinceridad nos preguntamos que a quién chingados le cae bien eso de que, por haberse muerto en plena calle —e indudablemente sin la participación de su voluntad consciente—, sea recogido por los camiones de la "Sanidad Ambiental" y cremado de buenas a primeras y sin que la familia se entere.

Y es que para conocer en qué zócalo, glorieta o hemiciclo han ido a parar las cenizas de un familiar muerto en plena vía, toca esperar el día patrio más hermoso, que es cuando el Gran Regidor (el virrey Max Trois) rinde su informe anual.

Casi al sonido de la alarma de aviso para arrancar el tren, entran tres policías. Uno grande, uno mediano y uno pequeño. Se ubican en puntos estratégicos junto a la puerta. Las escafandras de los policías son metálicas. Y por providencia regente, tienen los colores rojo, blanco y verde. Tales colores fueron institucionalizados en los aperos y membresía de los policías, desde que King-Key-Kaa, Magno Soberano Universal, instauró a Max Trois en el *solio regente* (el mismo día fue ungido como tal el virrey de Perú).

Cabe destacar que con la ascensión de Max Trois al *solio regente*, de una vez por todas —y por siempre jamás— se ha puesto fin a la jodienda esa del fraude electoral, que los borrascosos y nada empáticos enemigos de la *Democracia* —hoy universalmente extinta— solían hacer a las cabezas visibles del partido gobernante, a quienes tildaban de usufructuarios de las mieles del poder, "dejándole la mierda al pobre pueblo".

Las patrullas policiacas, aparte de estar integradas por un mínimo de tres elementos, utilizan dichos colores en sus escafandras, a fin de que el tricolor nacional se cimente en el amor del pueblo. Los civiles con capacidad de gasto para adquirir escafandras (algo anhelado por todos, pero logrado por pocos) no pueden lucir dichos colores. Y sus vestimentas protectoras deben ser plásticas.

Madonna se sueña sola con una escafandra igual a la que lucía una gran dama que al salir del almacén *Sanborn's* que marca el ángulo entre las avenidas Acoxpa y Miramontes, en Villa Coapa, se la llevó por delante, la pisó, y al trastabillar con su cuerpo y dar con su rodilla en una piedra, le dijo: "Escuincla sarnosa... rejija de tu tiznada". Madonna se limitó a decirle: "Chingue su madre, Chimoltrufia... igualada" y sin mirarla, pues en su premura por alejarse de ella, la elegante señora dejó en el suelo la bolsa con chocolates rellenos de almendras, dos *sandwichs* con queso y jamón y un *prune juice* enlatado, "Made in Israel".

Cuando Madonna le informó a Plácido y a Elvis sobre lo que había comido, éstos la llamaron mentirosa, señalando que tales cosas no existían.

La escafandra de la dama era de un azul de cielo imaginado con aplicaciones natate en los costados, las rodilleras y el perímetro del culo. De un brillo argénteo debajo de las mangas y en las palmas de la mano. El casco también era brillante, tornasolado... y no tan en boga, pues aún no lo fabrican los japoneses. Los alemanes son sus inventores. Lo que indica que apenas está al alcance de poquísimas personas... El efecto tornasolado de dichos cascos despide rayos de proyección caleidoscópica y tonalidades de arco iris... cuando la luz solar logra traspasar el *smog* que permea inalterable sobre los cielos de una región que muchísimas décadas atrás, fue considerada la más transparente del mundo. Dicha particularidad le otorga el calificativo de *beautiful* a los cascos, lo que conlleva a que muchas señoras elegantes hayan sido asesinadas, al oponerse a que les roben esta prenda. Pero, seguramente, el reinado de dicho exclusivismo no será por mucho tiempo, pues Sanyo-Xochimilco ha anunciado que producirá tales cascos, no só-lo para el consumo nacional, sino para expor-tarlos a Africa y hasta a Oceanía.

Los tanques de oxígeno de tan elegan-tes escafandras —para señoras—, son color rosa y están primorosamente decorados —para los caballeros es en añil persa—. Los de la dama acusada por Madonna de "Chimoltru-fia igualada", tenían, uno, aplicaciones nahuas y el otro, una estrella azul y el número 55 en blanco, con fondo rojo, indicación del anhelo —y activismo— de la señora por anexar su país a la América Universal; de convertirlo en un genuino estado número 55 de la nación con el gobierno más poderoso de la tierra y deshacerse de una vez y para siempre, de la denigrante condición de "Estado Libre Aso-ciado". Su país de ella estaba destinado a ser, no el estado número 51 —que por derecho propio le correspondía y fue adjudicado a Borinquen—, pero el sentido común y la lógica sin dudas en contrario, dejaban bien claro que les tocaba ser el estado número 52. La cubanidad, empero, si gilosa, armaba la suya. Y una vez se derrumbó el cadáver exquisito con barba de profeta que gobernaba a la isla, los mejores especímenes de Cubita la Bella promovieron la metamorfosis anexionista, dieron en el blanco y hoy, tienen como virrey a Ronald McDonald Portuondo, un muchachón rubio él, buenote, de ojos azules y quinta generación del primer exilado a Miami. Tampoco su país de ella pudo acceder a la lotería de ser el estado número 53, pues se lo apechugó Quisqueya (una inesperada sorpresa para unos..., mas no para otros); Panamá se hizo notar con la precocidad histórica a que tiene acostumbrado a todo el mundo: como una comadreja se colgó del número 54 y no hubo quien se lo quitara. A pesar del forcejeo de Canadá, Colombia y Honduras por apañarse el palindromático & ¡next! número —55— y dejar de una vez por todas la incómoda situación de ser, si bien estado, sospechosamente libre y sólo asociado: "¡qué bueno! —exclama y suspira la dama—, que esta vez no habrá sorpresas. Pues Mezcalito, el espíritu que resulta de la condensación de nahuales olmecas, nahuas, toltecas, chichimecas, tecpanecas; los gloriosos tlaxcaltecas (...hasta mayas y lacandones) y, ni modo, los canijos aztecas, ha decidido tirar la toalla; es decir, no ser más lo que ha sido por siempre jamás: un nacionalista nato y neto, y está dispuesto a meter cartas en el asunto, o sea, influir en la decisión de King-Key-Kaa, que al fin y al cabo, está imbuido por toda una pléyade de espíritus de las marcas iroqués, sioux, comanche, navajo...".

El tren se pone en movimiento. Madonna da un zapatazo en el piso y abre la boca. Con ella y al unísono, Plácido y Elvis gritan: *Jalisco, Jalisco, Jalisco, tú tienes tu novia que es Guadalajaraaaaaa...*

Un acceso de tos interrumpe el falsete que, tan bien logrado, alargaba Plácido. Madonna y Elvis lo miran con enfado. Pero tras una señal con los ojos, de nuevo entonan el falsete.

Pocas personas los escuchan, pues la mayoría de ellas —que no usan escafandra ni máscaras integrales—, tienen los oídos forrados con papel de aluminio, para evitar que *Nice,* un ácido recién incorporado a la capa de *smog* les carcoma el aparato auditivo.

Aaayyyyy, Jalisco noooo te rajes —gritan sin mucha convicción—, *me sale del almaaaa...*

El policía pequeño carraspea y el sonido sale por el parlante empotrado en la parte alta del casco, al lado de la linterna con chorro de luz de largo alcance y compacta densidad. La resonancia vibrátil y cavernosa de la voz, hace virar la cabeza a los pasajeros que no usan escafandra, los que se quedan mirándolo —curiosos y temerosos— a través del vidrio que abarca casi todo el frente de su casco integral, observan su incomodidad y una especie de mueca de sus labios en señal de disculpa. Pero no ven cuando dicho policía saca el cable de un dispositivo oculto en el chaleco de su escafandra. En la punta del cable hay una planchita metálica. El policía mediano y el policía grande, al ver la acción de su compañero, levantan el brazo derecho, pues justo donde está la axila hay una planchita similar a la del cable del policía pequeño; éste adhiere la planchita del cable en el sobaco del policía mediano, quien, con el cable de su escafandra en la mano, hace otro tanto con el policía grande y los tres quedan conectados.

Madonna, Plácido y Elvis que, expectantes, han seguido el proceso, saben ya que los policías van a arremeter en contra de ellos.

—Nos van a chingar— dice Plácido.

—No le hace— replica Elvis—, no le tengo tantito de miedo a esos canijos; al fin y al cabo yo me iba a morir dentro de pocos días. Quizás hoy mismo, al salir de la estación.

—No digas tonterías, Elvis (casi implora Plácido). Tú vas a durar más cabecilla. Tantito más y te va a llegar *La Neta,* carnal. Los tres debemos estar vivos en septiembre. Este año Max Trois va a repartir muchisisísimas *Ninja-Chapolains* y *Barbie-Xochaipili*.

—¡Di Chapulines, cabrón!

—¡Se dice *Chapolains*, güey!

—¡No mamen cabrones! ¡Qué ninja cha-chapulines, qué barbies-Xochipili ni qué chingados! —grita Madonna—. Tú, Plácido... Lo que pasa es que tienes miedo de morir, güey. ¡Vamos a dejar que nos lleve la pelona, cabecillas!

—¡Orale, pues, que nos lleve!—, conviene Plácido.

—Orale —asiente Elvis— ¡Qué buena onda eres Plácido!

El policía pequeño se acerca a Elvis, lo agarra por el cuello y lo levanta en vilo. Al niño, en lo alto, empiezan a agrandársele los ojos y la lengua se asoma por sus labios como el cucú de un reloj de pared.

Algunos pasajeros dejan caer sus cabezas sobre un hombro en señal de sueño repentino; otros, simplemente la mantienen inmóvil..., fija. Enviando el mensaje a los policías de que utilizan la particularidad de las estatuas..., de ver sin mirar.

Madonna se acerca al policía grande y, de un salto, le arranca el cable que lo conectaba al policía mediano. El policía grande saca una larga pinza de un bolsillo lateral de su escafandra y con ella, aprieta el pescuezo de Madonna, hasta que siente la quebrazón de sus huesos. Entre tanto, el policía mediano, que ya se ha hecho cargo de Plácido, de un empujón lo tira al suelo y le pone la suela de su metálica bota en el cuello hasta que la lengua de Plácido sale despedida y va a dar en el regazo de una señora que viaja sentada a un costado.

La mujer, al ver la lengua sangrante en sus piernas, abre su cartera, extrae una bolsa plástica y una servilleta y con ésta, la agarra y la mete en la bolsa. Se limpia la plastificada superficie de su falda con un pañuelito desechable. Echa el pañuelo en la bolsa, a la que le hace un nudo en la parte superior, pulsa el botón rojo de los tres que aparecen en la pared del tren (los otros dos son verde y blanco) y a sus pies se abre un contenedor. Deposita allí la bolsa, pulsa el botón blanco y cuando se cierra el contenedor vuelve a su inmóvil e impasible postura.

Mientras, los policías han extraído sendas bolsas plásticas —negras y grandes— de un bolsillo de sus escafandras y cada cual echa a su muerto en su bolsa; acto seguido cierran éstas con el broche que expelen las pequeñas pinzas que han sacado de una manga de sus escafandras.

El tren se detiene en la estación "División del Norte". Los policías salen del vagón arrastrando cada cual su bolsa hasta un lugar de la estación donde aparece, en una pared roja, un tablero de botones, como las teclas de una computadora. El policía grande manipula unas teclas, de la pared se abre una receptáculo en forma de ataúd y cada cual deposita su muerto. El policía grande oprime varias teclas y tras cerrarse el nicho, se enciende una pantalla y en ella aparece la leyenda en titilantes luces verdes: "Se reciben tres aportes a la sanidad de nuestro ambiente de 34, 35 y 36 libras, para su cremación. Las unidades *Paco 33*, *Beto 33* y *Lalo 33* hacen el depósito... Los aportes pasan al horno. Los aportes han sido cremados. El polvo-residuo ha pasado al silo de reserva... Los bonos de reconocimiento por el cívico y sanitario servicio cumplido están en proceso. Operación concluída".

De la ranura adyacente al teclado caen tres boletos. El policía pequeño los recoge, se guarda uno y entrega los otros a sus compañeros, quienes, tras mirarlos, los ponen a buen recaudo en sus bolsillos. La satisfacción y la complacencia devienen sonrisas en sus rostros.

—Veintiún escuincles cantores al crematorio y apenas son las dos de la tarde— dice el policía grande— ¡Qué bueno!, ¿eh?

—Siete bonos para cada uno de nosotros —comenta alegre el policía mediano— ¡Y en pocas horas! ¡Esto se pone mejor cada día, cabronazos!

—Andamos cerca del *récord*, cabecillas,

exclama el policía pequeño.

Un tren llega a la estación. Los policías entran en un vagón. Las puertas del tren se cierran y tres niños harapientos empiezan a cantar: *Jalisco, Jalisco, Jalisco, tú tienes tu novia, que es Guadalajaraaaa...*

LOS NIÑOS CANTORES DEL *SUBWAY*

A Wilda Rodríguez, sentida expresión del alma boricua.

Abordaron el tren en la estación de Main Street. Sweet Chaos entró por la primera puerta, Big Bang lo hizo por la del medio, Final Zero por la última. Se reunieron en el centro del vagón, ya con todos los asientos ocupados.

Un negro empezó a reírse de ellos y Sweet Chaos puso el culo en su dirección y le soltó un pedo. Una muchacha coreana que leía los principios matemáticos de Baldor en español, no pudo contener la risa y el negro —que con la suela de su bota ex militar había empujado a Sweet Chaos, estrellándolo contra el tubo de apoyo—, se levantó, le dio un golpe con la mano abierta a la oriental, y con asombrosa destreza y rapidez, se escabulló hacia otro vagón.

La coreana comenzó a vociferar de modo gutural en su lengua. Y por lo hierático de su semblante nadie dudó que, además de recurrir a la multiplicidad de las estrellas del cielo y de las arenas del mar para mentarle la madre al negro, estaba exigiendo a sus dioses un retaliación de pronóstico reservado en su contra..., con efecto garantizado y al término de la distancia.

Big Bang y Final Zero empezaron a sobarle el cabello a Sweet Chaos en señal de consuelo. "Take it easy..., take it easy", le decían.

Desde el vagón de atrás aparecieron dos policías. Smith y Gentile eran sus apellidos... según las plaquetas prendidas en sus pechos.

Gentile, comenzó a mostrar a los pasajeros una foto del negro que golpeó a la coreana, quien, pletórica de gozo por haber sido tan rápidamente atendida por sus deidades, le señaló a los policías hacia dónde había escapado su agresor.

En su afán por echarle el guante al negro, el policía de la placa con el rótulo de "Smith", pisó a Big Bang y éste, soltó un "¡SON OF A BITCH!" sin mirar a quién.

El guardián del orden dejó caer un bien logrado coscorrón en la mollera de quien le había soltado tan tremendo hijueputazo y se preparó para asestarle otro —por qué no—

mucho más contundente, pero un: "¡CRIMI-NAL!" que —exceptuando a la coreana y los tres judíos, a su lado y hablando dinero—, salió al únisono de todas las gargantas, lo hizo detener el apretado puño, a punto de estrellarse sobre la mollera del impúber.

Big Bang, Sweet Chaos y Final Zero intensificaron la torvedad en sus miradas para ver alejarse a los policías. Sweet Chaos escupió sin abrir la boca —a través de sus nuevos dientes... en crecimiento— y el escupitajo cayó en un zapato de uno de los judíos, quien lo miró con severidad y le soltó una imprecación en una lengua nunca antes escuchada por los demás pasajeros. Big Bang fue el primero en reír, dejando ver sus dientes ya completos; no así Final Zero, quien al soltar su risotada mostró que, como Sweet Chaos, no los había terminado de cambiar. Los tres estaban arqueados hacia adelante, lo que evidenciaba la similitud en el peso de cuanto cargaban en sus bolsos colocados en la misma posición sobre sus planos abdómenes. Tras mirarse entre sí y asentir con la cabeza, metieron la mano en sus bolsos y Sweet Chaos extrajo una dulzaina amarilla, Big Bang una diminuta y oxidada trompeta de zinc y Final Zero un violín modelo —y con sello áureo— *Stradivarius,* de plástico. Tras una corta y desarticulada ejecución de cada instrumento, Sweet Chaos empezó a cantar —más bien a palabrear— en ritmo de *rap*:

Soy la A y soy la Z:
lo que ha sido y lo que es;
y lo que les vengo a traer,
con mi diestra empuñaré.

Enseguida agregó Big Bang:

Soy el moco predilecto del tío Sam.
Y si en este tren nadie lo cree,
cuando iniciemos la fiesta,
además de no dudarlo,
de miedo se cagarán.

Final Zero remató:

Si a los pájaros azogue,
si a los peces sólo el aire,
si a las bestias sólo piedras,
voy a darles de alimento;
¡imaginen si no es fuego!,
¿qué otra cosas a los humanos
puedo darles de sustento?

Sweet Chaos iba a empezar de nuevo la versificación que le correspondía, cuando el tren llegó a la estación Junction Boulevard y cinco jovenzuelos y dos muchachas promediando los catorce años, entraron al vagón. Sweet Chaos miró a sus compañeros; Final

Zero le hizo señas de que esperara a ver qué se traía el grupo: más numeroso, con mayor estatura y, consiguientemente, con mayor fuerza física.

El tren, de nuevo, se puso en movimiento y el jovenzuelo que parecía ser... no el mayor, pero sí el comandante, hizo un ademán y sus subordinados lo saludaron marcialmente y se fueron apostando en hilera y en rígida posición de *firmes*, en el centro del vagón.

Todos tenían camisas o chaquetones militares; en sus orejas pendían aretes con una calavera al lado izquierdo y la cruz *svástica* en el derecho; algunos lucían gorras de beisbolista —de los *Yankees* y de los *Mets* de Nueva York.

El comandante —una especie de Goehring en ciernes—, imperativo, desapacible, se ajustó la gorra, se acercó al primero de la hilera de derecha a izquierda y le gritó:

—¿Cuál es tu nombre?

—¡Jack!, contestó con similar energía el imberbe.

—¿Cuál es tu tarea regular, Jack?

—¡Proteger al ciudadano!

—¿Cuál es tu trabajo permanente?

—¡Cuidar a Nueva York!

—¿Cuál es tu misión de siempre?

—¡Salvar a *America*!

Así, el comandante Goehring fue preguntando a unos y otras. Y Cy, Bob y Tom; Jill y Susan, dieron la misma respuesta... con igual energía.

Sweet Chaos intentó reanudar su versificación con cadencia de *rap*, aprovechando la pausa que le brindaba Goehring en lo que —de arriba abajo— inspeccionaba la vestimenta de su soldadesca, pero no alcanzó a decir la segunda palabra, porque el comandante le propinó un manotazo en una mejilla haciéndolo rodar de nalgas sobre los pies de un judío, quien, molesto, los retiró abruptamente, por lo que Sweet Chaos terminó de bambolearse en el piso.

Los pasajeros, quizas, iban a gritarle "¡CRIMINAL!" a Goehring, pero la presencia de los policías Smith y Gentile con el negro a buen recaudo, les detuvo el grito en la garganta.

La coreana juntó las manos, las elevó por encima de su rostro y miró al techo del vagón, como dándole gracias a sus deidades por la rapidez y efectividad con que habían atendido sus demandas.

Los judíos ni cuenta se dieron del regreso victorioso de los policías, enfrascados como estaban en su chachareo circunvalar sobre: "one million..., three millions..., nine millions...".

Goehring y su pelotón, al ver a los guardianes del orden con tan fiero trasoño en sus semblantes, rompieron filas e improvisaron amena charla sobre las celebridades de *rap* del momento.

Por eso nadie observó la naturalidad con la que Sweet Chaos, Big Bang y Final Zero, extrajeron sendas metralletas de sus bolsos y les sacaron el seguro. Sólo cuando con inopinada precisión abrieron fuego sobre Goehring y sus muchachos, sobre los judíos y la coreana y sobre el negro y los policías, fue que el resto de los pasajeros, presas del pánico, empezaron a lanzar los ya consabidos alaridos de quienes viven situaciones similares.

El tren se detuvo lentamente en la estación Queensboro Plaza y Sweet Chaos, Big Bang y Final Zero salieron del vagón con ese aplomo tan característico en personajes — promediando sus edades— de la vida nacional en el Gran País del Norte..., en vivo y en las pantallas grande y chica.

Los niños caminaron escaleras abajo y ganaron la calle.

Marithelma Costa

MARITHELMA COSTA
Y EL PLACER DE NARRAR

Cuando algún colega —quiero decir: alguien que pertenece también al mundo académico— me propone que lea un texto narrativo suyo, se produce en mí algo así como un escalofrío *avant la lettre*. Porque lo más frecuente es que muchos de esos queridos e hipotéticos (o no tan hipotéticos) colegas, se dirijan a la creación literaria con la misma gravedad docente, estorbosa aquí, con que emprenden sus sesudos trabajos críticos. Como para decirnos: "Aquí tienen ustedes mi obra; ya verán qué bien manejo en ellas las mismas técnicas cuyos fundamentos teóricos saben, ustedes también, que yo domino impecablemente". El resultado, y casi siempre se ratifica en mí aquello del escalofrío, es el tedio, el fastidio. Y como si en la vida diaria, de por sí, no fueran abundantes los malos ratos, nos vemos obligados a pasar otro mal rato... que no necesitábamos. (Y cómo recuerdo, al escribir esto de "mal rato", a un común amigo, el escritor puertorriqueño Luis Rafael Sánchez, cuando le preguntaron, en una entrevista publicada hace ya bastantes años, cuál era su reacción ante los modos actuales de crítica literaria).

Afortunadamente, no ocurre nada similar ante los relatos de Marithelma Costa. Ante todo, porque ella ha entendido, en su mejor alcance, la famosa invitación de Roland Barthes hacia "el placer del texto" (¡ah, insigne maestro: cuántos textos sin placer se han cometido en tu nombre!). Marithelma va a la escritura por placer, y lo que es más: puede comunicárnoslo. Y los lectores se lo agradecemos.

Y le es posible actuar así porque, de entrada, sabe narrar y le gusta narrar: ese viejo arte, tan olvidado. Para ello está armada de todo lo necesario. En primer lugar, posee una imaginación fértil y vivaz (lo cual le evita recurrir a los viejos trucos del realismo mágico —tan folklórico— de nuestras tierras). Y pone esa imaginación suya, si está en vena, de las más inverosímiles andanzas, como cuando nos cuenta, desde los oscuros fondos medievales, las regocijantes ocurrencias de un divertido demonio (y esto en "La Candelaria", una pieza para la cual *erudición + diversión = ficción* sería la más idónea). O cuando la aplica, con finísima ironía, para devolvernos la versión moderna de una de las debilidades humanas más tercas a través de los tiempos: la presunción ("El pavón"). O si, con mirada detectivesca, va persiguiendo las sutiles estrategias de ese peligro tan actual que es la amenaza de la instalación de un sistema policial y totalitario ("La invasión"), sin necesidad de caer por ello en ninguna suerte de panfleto ideológico. Una imaginación que sabe atraernos y entretenernos; pero que no impide el que, bien leídos sus cuentos, revelen éstos una muy afilada pupila crítica que (y la autora lo sabe) tiene que aderezar para "dorarnos la píldora", para no aburrirnos, y para que nunca perdamos esa impostergable sensación de placer que ella misma debió experimentar al escribirlos.

Imaginación, sí, pero también el dominio de un lenguaje fluido, natural, incisivo y gracioso a la vez, desenfadado a ratos, delicioso siempre. Y sobre todo, un eficaz sentido del cuento como género autónomo: como una ventana a través de la cual, desde lo recortado en el marco de esa ventana, que es lo narrado, nos lancemos en busca de lo que el marco oculta. Y sabe Marithelma Costa terminar a tiempo... para no terminar precisamente. Y dejar (¡ah, manes, aquí venturoso, de Umberto Eco, esa otra gran devoción de Marithelma!) que nuestra imaginación, reactivada por sus eficaces resortes narrativos, siga trabajando más allá de donde ella ha puesto el punto final.

José Olivio Jiménez

LA CANDELARIA

Este va a ser un siglo memorable. Lo abrí con una tormenta espectacular el segundo día de febrero, y creo que lo cerraré con varios antipapas y el gran Cisma de Occidente.

Gaudencia entera se había congregado en la plaza para presenciar la bendición de la nueva imagen. En el altar, preparado a toda prisa por el Maestro de la Estigia, aparecía María con nimbo de oro. La llamaban la Candelaria. Clemente, el nuevo obispo, le había comisionado el retablo a Simón y, aunque le había prometido el oro y el moro, esperaba salirse con la suya y sacarse la virgen gratis. Una acusación anónima de hereje bastaría para encomendar al cobrador al Tribunal del Santo Oficio.

Según Clemente, la Virgen Flamígera era producto de una noche de éxtasis. En los expedientes a la curia, explicaba que se le había aparecido la Purísima y le había pedido, en su lengua materna, que le consagrara el segundo día de febrero. Cómo diablos comprendió el arameo, nunca lo dijo. El muy astuto presintió que la poliglotía le podía traer dificultades, y no abundó sobre el tema lingüístico. Aunque en el Vaticano sospechaban que había gato encerrado, aprobaron sin discusiones la Santa Virgen de las Candelas.

La verdad del caso es que no hubo revelación, lengua semita, ni Mater Amantísima, sino una borrachera que hizo historia. Aquella noche había ido a Gaudencia a visitar a algunos adeptos y por casualidad había descubierto la antigua Plaza de la Paja. Mientras admiraba una fachada del más puro románico, encontré al obispo y decidí cultivarlo. Para omitir las formalidades que, dado mi oficio, son más bien engorrosas, decidí entonarle una saeta. El pastor de la Santa Grey se conmovió, me invitó al Mesón de la Pepa y comenzó a contarme la historia de su vida.

Se consideraba un cantor frustrado y su familia era responsable. Cuando niño, podía imitar a los ángeles y para comprobarlo, me lanzó un do de pecho que me erizó el pelo. Como sus padres sospechaban que la vida de los músicos era poco rentable, decidieron abogar por él en Roma y su primo el pontífice lo asignó a aquella ciudad perdida de Levante. En Gaudencia gozaría de perfecta sinecura y olvidaría su prometedora carrera de barítono. Cuando iba a servirme el segundo vaso de tintorro, me percaté de que el Clemen se había metido al gaznate litro y medio de aguardiente. Y lo mejor, es que estaba tan campante.

Al ver mi sorpresa, el obispo me confesó que la parranda había comenzado hacia las cinco con una cena opípara preparada por las monjas del Carmelo. Entre él y el nuncio se habían devorado siete perdices y vaciado cuatro litros de clarete. Como el viejo ya no estaba para trotes, lo había dejado en el balcón de la nunciatura y se había ido de incógnito al Barrio Chino. La del aguardiente era la cuarta botella de la noche. Todo hay que decirlo, en aquella época de santones y beatos, era uno de los pocos clérigos que aún cultivaba el arte del etílico.

Lo estábamos pasando bomba, pero el Clemen me guardaba una nueva sorpresita: sufría de un hígado destemplado y encima tenía una vesícula sumamente intransigente. Llegó la Pepa con la cuenta, él exclamó: *Mater Amantisima, servus tuum sum* y se quedó seco. Me tocó pagar, llevarlo en brazos hasta el palacio arzobispal y encima cuidarme de no tropezar con aquellos crucifijos polícromos que se habían puesto tan de moda. Lo metí en la cama y me arrellané en un butacón a esperar que amaneciera. El Clemente no me dejó pegar ojo. Entre gruñidos e hipo, se pasó toda la noche repitiendo: *Gloria in excelsis*

Deo, Servis tuis testimonia dono.

La impresionante carrera del primito había dejado a la familia satisfecha y no melló en lo más mínimo el prestigio del pontífice. Además, el pariente había sido sumamente cauto. Sólo le había pedido unos dineros para modernizar la fachada del palacio arzobispal y abrirle plaza hacia poniente. Esta era su primera petición seria y no había razón para negársela. En Roma estaban tratando de promover por todos los medios el culto mariano y la propuesta de Clemente les venía de perilla. El dos de febrero como día oficial de la Virgen Flamígera caía perfecto en el nuevo calendario: precedía por pocas semanas las Carnestolendas y mantenía los fervores de la Epifanía. Ningún prelado supo percatarse del grave error teológico en que estaban incurriendo.

Tras un mes de cura hepática a base de té de limón y compresas frías, Clemente comenzó a escoger a los mancebos que integrarían la nueva cofradía. Quería que estuvieran desprovistos de aquellos muñones que tan feo hacían en las procesiones. Ultimamente, quien no había perdido un brazo con las invasiones, había quedado tuerto por las bubas. El quería cuerpos sanos pues, como buen beodo, también era un esteta empedernido.

El segundo día de febrero, después de misa de once, la ciudad entera se congregó ante la Puerta de la Gloria. Los cofrades es-

76

taban guapísimos: llevaban túnicas amarillas, calzas blancas y bonetes con el mote: *Flamma ardita*. Hubiera dado cualquier cosa para que ingresaran a mis filas. Sin embargo, el gustazo de observar el espectáculo no logró apaciguar mi cólera. Aquello era un problema de principios: no podía dejar que un obispucho pisara mis derechos. Debía defender mis posesiones.

Mientras unos cuantos preparaban la fogata, lancé un vendaval desenfrenado. Después me di cuenta de que era una entrada de opereta, pero fue lo primero que me vino a la cabeza. Pocos se percataron de que las nubes estaban totalmente inmóviles y la tormenta era sólo a flor de tierra. Un ciego que se estaba despiojando comenzó a escupir jaculatorias. Los perros aullaron como cuando pasan las ánimas en pena, pero nadie les hizo caso. Desde el último concilio estaba terminantemente prohibido creer en la compaña.

Después del vendaval, decidí ser un poco más virguero y esconderme detrás de un torbellino. Los perros se callaron porque se dieron cuenta de que se trataba de algo gordo, pero las cornejas salieron volando como locas. Ellas, siempre tan coquetas, saben que el azufre le resta brillo a su plumaje.

Entre vendaval y torbellino, me llevé los festones rojigualda del templete. Cuando iba a arremeterla contra la imagen, el obispo comenzó a dar voces como truenos. Había intuido que aquello no era del todo cristiano y decidió asegurar bien su Candelaria. Recuerdo perfectamente la orden pues me sacó de mis casillas: "Mantened la calma y sujetad a la Patrona".

Toda mi fuerza diabólica fue inútil frente a la obstinada fe de aquellos imberbes. Yo contaba con la histeria de los novatos, pero me dejaron defraudado. No pude llevarme ni la túnica ni el manto de la Mater Amantísima y mi única satisfacción fue que los listísimos cofrades aseguraron a su Patrona con la soga de los ahorcados por ladrones. La Candelaria quedó hecha un cisco: más que Virgen parecía mujer de pregonero. La metieron a toda prisa por la sacristía y me di por satisfecho.

Los gaudencinos se fueron a la taberna a cobrar aliento y decidí acompañarlos. Allí todos murmuraban que se trataba de una estratagema del infierno. Lucifer era el único capaz de meterse gratuitamente con la Santa Madre de las Flamas.

El Maestro Simón, que desde hacía tiempo andaba conjurándome con nigromantes de medio pelo para plasmarme como rey del Hades en uno de sus trípticos morales, adelantó unas palabras. El Descastado podía ser un maldito, pero no era un lunático. La ira que había demostrado se entendía fácilmente: el fuego era su atributo y quería impedir que se lo dedicaran a María. El lo sabía como nadie porque había tenido que sudar la gota gorda para pintar las llamas del infierno.

Simoncito estuvo magistral; explicaba los procesos infernales con tal pericia, que se hubiera dicho que estaba de mi parte. Allí comenzó a ganar puntos conmigo. Aunque sus argumentos eran poco menos que perfectos, no hubo concenso. Los ilusos gaudencinos empezaron a vociferar que era una afrenta imperdonable, con todo podía meterse el Estrujado menos con la Mater Amantísima.

Me aburrí de oír pamplinas y me fui a la playa a echar la siesta. En sueños vi que, si lo preparaba bien, lo del Cisma de Occidente podía dar tela para rato. Me desperté optimista, me di un chapuzón y, antes de enfriarme, abandoné aquellos lares. Desde que perdí mi puesto como Maestro de los Coros Celestiales, debo ser cauto. No sabes lo patético que resulta un demonio acatarrado ni cuáles pueden ser las consecuencias.

LA INVASION

Ya es un hecho consumado, la ciudad entera acepta el nuevo régimen. Que, ¿cómo sucedió? Pues, de la forma más casual, como deben suceder los cambios históricos. Unos cuantos se dedican a socavar las instituciones y, ¡zas!, de la noche a la mañana aparecen leyes nuevas. Fui uno de los pocos que presencié todo el proceso. Si quieres, te lo explico; pero debes ser cauto, pues en esta ciudad los censores siempre han mantenido papeles protagónicos.

Habían pasado todo el invierno planeando el golpe. El uniforme de los líderes constaría de unos abrigos de pelo de camello conseguidos a buen precio en un mercado del usado. El color del paño y el corte clásico conferirían respetabilidad a los conspiradores. También habían decidido llevar a cabo las cumbres secretas en la entrada de los metros. Eran lugares sumamente estratégicos y su accesibilidad no planteaba ningún problema porque cada semana escogían un punto de encuentro diferente. Podías verlos hacia las seis de la mañana esperando trenes que nunca llegaban. Y si alguien se acercaba, se metían las manos en los bolsillos y torcían secretamente los dedos pulgar e índice de la mano izquierda.

Yo sabía lo de la invasión hacía tiempo porque una vecina me había puesto sobre aviso. Rosita la Sietevidas le decían, nunca me explicó de dónde había sacado el sobrenombre. Nos conocíamos desde chicos y cuando el trabajo en el puerto estaba flojo y yo tenía noche libre, nos juntábamos y jugábamos al póker. Así, entre, "So pillo, hiciste trampa", y "El reuma me trae loco", fue adelantándome los planes de la secta. Con lo poco que me contó y la suspicacia que me caracteriza, pesqué, en una estación del metro que está en el norte, el pacto que consolidó el nuevo régimen.

Estaba comprando la ficha del tren y apartando unas monedas para una revista de farándula, cuando se me acercó un caballero y, muy respetuoso, me dijo: "Disculpe usted, ¿me puede dar cambio?". Como había allí mismo un guardia nocturno, decidí prestarle el servicio. Mientras abría su billetera, me di cuenta que llevaba un alfiler en forma de capullo en la solapa. Me fijé bien porque a Rosita la apasionan esas chucherías. Le iba a preguntar dónde lo había conseguido, pero me percaté de que estaba prendido a un abrigo de pelo de camello. El detalle me hizo abrir los ojos y cerrar la boca.

Cuando faltaban tres minutos para que el tren llegara, se le acercó una vieja desdentada a mi sospechoso interlocutor. Bueno, quiero decir, una aparente vieja desdentada al caballeroso invasor. La mujer no tenía nada de especial, se parecía a una de aquellas vagabundas que se habían mudado de la periferia a los zaguanes de la Plaza de Mercado. Vestía varias faldas sucias, una blusa de volantes, guantes de lana y llevaba en el pelo un broche plástico. El intercambio duró pocos segundos. La vieja murmuró no sé qué cosa de: "Por Dios bendito y su salud", y él le pasó una monedita. Ella insistió: "Tenga compasión, siete hijitos y sin marido"; y él, en un acto de aparente magnificencia, se desprendió del alfiler de su solapa. Me fijé bien y la flor cambió de forma al tocar la lana.

Cuando llegué a casa, se lo conté todo a la Rosita y ella se alarmó: había sido testigo de un encuentro a altísimo nivel, lo que hoy se llamaría una cumbre técnica. El traspaso de poderes se acercaba. Decidió coger libre la noche y brindamos con unas cervecitas importadas que guardaba en la nevera para ocasiones como ésas.

Comencé a frecuentar los bares del puerto pues, según Rosi, a algunos de los líderes les encantaban aquellos tugurios. Siempre que podía nos encontrábamos en una esquina y me contaba los últimos sucesos: "Por aquí estuvo la Chirli, lo pasó fatal anoche con el Bolas". O, "Ten cuidado, hoy se citan en El Gato Tuco". Como sabíamos que había soplones hasta debajo de los adoquines, de vez en cuando me lanzaba unos requiebros magníficos. Los recuerdo todos porque me producían una extraña sensación en la base de la espalda. Siempre comenzaba con: "Papi chulo, qué guapote estás, esa gorrita a medio lado me vuelve loca", seguía con el: "Si pasas conmigo la noche te devoraré enterito", y terminaba con una sarta de piropos que no repito porque podrías sonrojarte. Imagínate lo que tenía que inspirarse la pobrecita. Siempre he sido un feto impresentable, con sólo decirte que en la cocina me decían el Desgracias.

Poco a poco fui conociendo las caras de los jefes, enterándome de los pormenores del proceso. Un día el alcalde amaneció con escorbuto. Fíjate qué cosa, y qué escorbuto, ni que hubiera sido marinero. Era un ataque fuertísimo, en tres semanas se le habían caído todos los dientes. Así no podía inaugurar parques infantiles ni salir en los periódicos. ¿Cómo iban a hacer los fotógrafos? Se comentó que el sindicato podía tomar cartas en el asunto y declarar la huelga. Como todos le temían más a la huelga que a la fiebre escarlatina, se creyeron el montaje. El alcalde renunció y se marchó a un centro de provincias a hacer dieta macrobiótica. Y, ¿a que no adivinas quién lo sustituye? Pues claro, uno de los bigotudos que tomaban ginebra con toronja en El Gato Tuco. Tan pronto como lo vi en primera plana me dije: "¡Tate!, esto va en serio".

Le siguió el jefe de la policía. Dijeron que lo echaban por un desfalco, pero yo sabía que aquello era puro cuento. En la última época se habían multiplicado las redadas y todos sospechábamos que no venían al puerto a confiscar la marihuana que hacía meses brillaba por su ausencia, sino que se trataba de un plan desesperado para evitar la invasión. El ingenuo guardián de las fuerzas del orden público tuvo que escaparse al extranjero con el rabo entre las patas y lo reemplazó el portero mayor del Gato Tuco. Sí, el mismo que cenó antenoche en esa mesa y se te fue sin dejar propina. ¿Recuerdas que se sentó entre dos gemelos rubios? Pues son Trafalgar y Saltaenboca, si los ves en un callejón, sal corriendo.

Después cayeron el encargado de Cultura, los secretarios de Fomento y Obras Públicas y el Juez del Tribunal Supremo. Todo esto sucedió en pocas semanas, no te creas. El tiempo suficiente para controlar la situación y no levantar protestas infundadas.

La primera medida fue barrer con los zarrapastrosos y vagabundos. Dijeron que los mandaban a hospitales y centros siquiátricos, pero a mí nadie me quita que de algún lugar debía salir el jabón con que limpiaron todas las calles.

La segunda, tuvo forma de edicto: llevar carnet de identidad y no utilizar pantalones de cuadritos. Lo del carnet se comprendía: para mantener el control social es necesario saber quién se pasea por las calles a deshora. Pero, lo segundo resultaba sospechoso y hubo polémica. Unos justificaban el decreto con el viejo argumento del buen gusto y la imagen pública. Otros se rebelaron. El gobierno amenazó con tomar represalias, y no tuvimos más remedio que comprar ropa nueva.

El tercer edicto no lo recuerdo porque no me afectó demasiado. Lo que sí sé es que tenía algo que ver con la venta de profilácticos y la higiene en las escuelas. Como lo hicieron pasar por un proyecto de la vieja administración, no hubo protestas.

Los invasores acapararon todos los puestos de mando y, como es verano, sólo se reconocen por una estría amarillenta entre el índice y pulgar de la mano izquierda. Por lo general van en parejas y hablan de los temas más diversos: caída del pelo, última telenovela, fórmula perfecta para hacer pescado frito. Mi vecina conoce de inmediato a los nuevos afiliados. Me ha contado no sé qué cosa de ropa de goma y camas húmedas, pero todavía no entiendo bien por dónde van los tiros.

Ultimamente me dedico a observarlos de cerca y lo apunto todo en un cuaderno. Quiero publicar la crónica de la invasión pero me faltan algunos detalles importantes. Cuando tenga el cuadro más claro, te lo cuento a ver si por fin nos hacemos ricos. Por lo pronto, vuelvo al fregadero, que aún no he lavado los platos del almuerzo y parece que ya llegaron clientes para cenar.

EL PAVON

A Juan González Millán en el consulado

Hace tres meses que tenemos un pavo real en la oficina. Una mañana sonó el timbre, abrí la puerta y entró en el vestíbulo como Pancho por su casa. El jefe lo recibió de inmediato en su despacho y, tras un apretón de manos, le ordenó: "Tome su puesto".

Al principio resultaba aburridísimo andar siempre pasando el paño. Había plumas en el café, plumas en el archivo, plumas en el frasquito de rape de don Benito el recadero. Un día aparecieron varias en la sopa del jefe, don Gumersindo; pero éste ni se inmutó. Dijo, Gualteria —así se llama su secretaria personal, la de los dictados clandestinos—, pues le dijo: "Gualteria, páseme otro paquete de galletas, que parece que el cocinero estrena hoy receta nueva".

Con aquella elegante frase se inauguraba la aceptación oficial del gallináceo. Don Gumer instaló varios ventiladores en su despacho y restableció en un santiamén el buen orden de las cosas. Al lunes siguiente, la Gualteria se vino con un vestido floreado y un gorrito color mostaza que la hacía parecerse a una estrella de película francesa. La telefonista siguió su docto ejemplo, y se compró una correa de piel de lagarto que le sacaba un caderamen impresionante. Se la ponía con unas botas que le llegaban hasta el muslo y el efecto era extraordinario. El jefe adquirió nuevo bisoñé y don Benito comenzó a usar la dentadura postiza que le había legado un tío abuelo muerto antes de la guerra.

Sin embargo, todos nuestros esfuerzos por eclipsar a Carambolo, que así le había puesto de cariño la Gualteria, sólo servían para realzar la figura del volátil. Estuviera donde estuviera, dejaba al personal apabullado. Además, cada vez que daban las doce, volaba hasta el alfeizar, e iniciaba su tradicional despliegue de realeza. A veces nos quedábamos lelos observándolo. Pero si don plumífero se percataba, comenzaba a pavonearse de una manera escandalosa.

Como de costumbre, don Gumer comenzó a abrirnos los ojos. Siempre que tenía que tomar alguna decisión importante, se reunía con el pajarraco y le pedía consejos. El proceso era infalible: llegaba con la peluca bien pegada y se instalaba solemne en su butaca. Al poco rato le encargaba a su secretaria el desayuno, aclaraba que no estaba para nadie y llamaba al pavo silbándole la quinta sinfonía de Beethoven.

Carambolo se acercaba, lo saludaba formalmente y cerraba la puerta con la pata. Se pasaban la mañana entera hablando de negocios. Cuando llegaba la hora del almuerzo, el pavo desfilaba a su ventana y abría la cola. A pesar de las insistentes preguntas de Gualteria, jamás soltó prenda.

En vista de la nueva situación, las secretarias cambiaron de táctica. Antes de embarcarse en ajuar nuevo, se iban a las tiendas, escogían dos o tres conjuntos y, después de las cinco, comenzaba el pase de modelos. Carambolo daba su veredicto en un abrir y cerrar de ojos. Y, como era un charlatán empedernido, se quedaban allí hablando de lo divino y de lo humano hasta pasada medianoche.

Todo hay que decirlo, Carambolo siempre acertaba en el color, el corte y hasta en los tejidos que mejor le sentaban a cada una de ellas. Las secretarias estaban radiantes. Hasta yo vencí mi recelo inicial y lo invité a jugar al ajedrez una vez por semana. La idea lo entusiasmó. Traje de casa el tablero, y establecimos los viernes como día de torneo. Era un contrincante inigualable; mientras yo me pasaba las horas muertas cavilando si debía mover o no un caballo, él tomaba su decisión en un santiamén, y me cacareaba: "Le toca".

De la noche a la mañana la productividad de nuestro departamento superó por varias cifras la de los años anteriores. Los dueños de la empresa mostraron su satisfacción enviándonos una canasta navideña. Carambolo no recibió ni un cacahuete. Y, como se había convertido en uno más de la familia, decidimos comprarle entre todos una caja de champaña francesa. Recuerdo que esa Nochebuena le dimos un baño de Moët Chandon que hizo historia.

Todo iba sobre ruedas hasta que llegó febrero. Carambolo se dio cuenta de que le faltaba algo, su vida estaba incompleta. Ese algo era una pava.

La crisis comenzó en una de las cumbres con el jefe que ya se habían hecho semanales. Aquel martes contestó a Beethoven con una fanfarria de Monteverdi, se alzó en vuelo y aterrizó directamente en el bisoñé de don Gumersindo. Encima, todo esto coincidió con la entrada en la oficina del inspector de hacienda, alérgico a los pájaros. Esa misma tarde se le subió a la falda a don Benito y se metió en el baño de las damas a far-

farfullar no sé qué impertinencias a una taquígrafa que jamás le había hecho los honores.

Eso sucedió hace más de mes y medio, y el problema se nos está saliendo de las manos. Carambolo sufre lo indecible y últimamente no puede controlarse. Tararea boleros, gime tangos: nos da cada serenata que no podemos dar golpe.

A veces se roba el papel carbón de los escritorios y calca dibujitos obscenos en los zócalos de todas las dependencias. Esperamos que pronto se le pase, pero la verdad es que estamos al borde de la crisis. El inspector de hacienda ha vuelto varias veces y aunque metemos a Carambolo en un armario y encendemos los ventiladores, es imposible calmar sus estornudos.

La copia de su informe estará lista en estos días. Cuando los dueños de la empresa lo lean, no sé cómo justificaremos el alza en las ventas. Nos pondrán a todos de patitas en la calle. No quiero ni pensarlo. Además, ¿qué será de Carambolo? Los que estábamos en nómina podremos arreglárnoslas. Pero, un pavón en las filas del mantengo ha de ser un espectáculo penoso.

Jorge Ignacio Covarrubias

JORGE IGNACIO COVARRUBIAS: CONVERGENCIAS

"Muchísimas gracias por el envío de sus *Convergencias*, que leí de un tirón, tan interesantes me parecieron. Sobre un cañamazo culto, un bordado de figuras ingeniosas. Y esto sin que la unidad quede dividida en "forma" y "fondo" porque todo está unificado, gracias al arte de la prosa. Prosa excelente que confirma una vieja observación mía: que los artífices del cuento breve, por usar técnicas de miniaturistas, suelen ser los mejores prosadores. La brevedad los obliga a concentrar la sensibilidad, la imaginación, la inteligencia como si estuvieran jugándose la vida en un solo salto. Y otra prueba de maestría: algunos de los minicuentos de usted se dan el lujo de un desenlace inesperado: ¡el aguijón en la cola del escorpión! Lo felicito".

Enrique Anderson Imbert

Académico de la Academia Argentina de la Lengua y de la Academia Norteamericana de la Lengua Española y ex catedrático de la Universidad de Harvard, sobre *Convergencias.*

LA PARTIDA

Es la víspera de la liberación.

Llueve desde hace horas y los chorros de agua golpean sobre las canaletas metálicas de las barracas e inundan los patios.

Los gritos cotidianos han cedido paso a un silencio nuevo en el campo de concentración. Los prisioneros judíos permanecen inmóviles para no dar pretexto a la represión última.

Muchos guardias nazis han huido ante el avance de los aliados. Queda un puñado, entre ellos los dos personajes más dispares del campamento.

En la sala central, entre el primer perímetro de defensa y el pabellón de los condenados, ambos guardias esperan el desenlace.

Uno de ellos, X, ha sido el verdugo más brutal, el carnicero más efectivo. El otro, Z, se ha limitado a cumplir la barbarie como una tarea burocrática y su piedad ha consistido en no matar fuera de horario.

Los dos saben que el campamento caerá en horas, probablemente al alba.

Como en las noches precedentes dialogan casi con monosílabos, muchas veces proferidos ante un tablero de ajedrez. Se conocen muy bien como para tener qué decirse. Pero en este momento que prolonga la certidumbre del fin parecen dos desconocidos frente a frente.

La lluvia azota los techos y se deshace en trenzas sobre las ventanas.

X admite ante su compañero que todo está perdido y le comunica que se propone una última tarea antes de caer, un objetivo que ha postergado por mero placer; esa noche matará al joven aprendiz de rabino, su víctima favorita porque nunca se queja ni suelta una lágrima. Ante los azotes, recita letanías de rezos en hebreo.

Todo es inútil, objeta Z. Matar al pobre infeliz carece ya de sentido. Quizás intuye que, si no contribuye a evitarla, esa muerte pesará sobre sus hombros más que todas las anteriores. De algún modo concibe que una sola víctima más desencadenará sobre sí el infierno postergado.

X insiste. Matar al muchacho se ha convertido en un imperativo personal, más allá del deber. Z apela a un recurso que nunca le ha fallado frente a una discusión. Propone a X jugar el destino del judío a una partida de ajedrez.

Colocan el tablero junto a la ventana estremecida intermitentemente por el viento. Una lámpara oscilante hace bailotear la sombra de las piezas sobre el cuadriculado.

Las primeras movidas son minuciosamente rutinarias. A la apertura de X, Z responde con una defensa ortodoxa ante la certeza de que un empate dejará las cosas como están, entre ellas la vida que se juega sobre la mesa.

Durante largo rato sólo se oyen las ráfagas del viento. Los guardias mueven taciturnos.

Z cree llevar a buen fin su objetivo, que intuye como una mínima justificación en una vida de atrocidades. Más que equilibrada, la posición es prometedora porque la agresividad le ha hecho arriesgar en exceso a su adversario. Cualquier paso en falso de X le puede costar la partida.

Entonces Z se relaja por primera vez y se recuesta sobre el grueso respaldo de su butaca, desentendiéndose del tablero y tratando de descifrar si entre los ruidos de la tormenta se mezcla ya el rugido de los blindados enemigos. A su turno, desplaza confiada y displicentemente un alfil para consolidar su posición. Se dispone a mirar por la ventana, cuando de pronto advierte que ha cometido un error imperdonable. Ha dejado un punto débil por el cual pueden desplomarse sus defensas. Sabe que X no perdona; es un adversario frío, metódico e implacable. Z teme el desenlace inevitable; su derrota significará a la vez la muerte del aprendiz de rabino.

Sin duda, X ha advertido el error. Pero no se quiere precipitar. Se pone de pie y por primera vez mira hacia el horizonte. El patio, limitado por un lejanísimo cuadrado de cemento y alambrados de púa, parece un cuadro impresionista con sus contornos desdibujados. Llueve desde hace horas y X permanece petrificado frente al cuadro de desolación.

X se vuelve, se sienta y hace una jugada trivial. Z primero no lo entiende, y luego se estremece porque advierte que el verdugo no ha ejercitado su derecho a aprovechar el error ajeno.

Z no sabe si su adversario lo ha hecho intencionalmente o no. Y nunca lo sabrá, como tampoco sabrá el judío que jugaron su vida sobre un tablero de ajedrez. Vuelve el alfil a su posición original y pocas movidas más adelante sabe que nada puede arrebatarle el triunfo.

Con las últimas jugadas se precipitan los acontecimientos.

Los primeros blindados enemigos derriban el portón central mientras otras dos columnas aliadas rodean el campamento en movimiento de pinzas. Los liberadores no encuentran resistencia alguna en las casamatas junto al muro, y avanzan con extremada confianza. Desde los pabellones de prisioneros empiezan a oírse murmullos en oleadas.

Indiferente al enemigo, X inclina su rey en admisión de derrota y se yergue junto a la ventana para morir de pie. Suena un disparo, uno solo, que viene desde el camión que encabeza la columna. La bala roza la cabeza de X, que permanece inmóvil, y se pierde en el pabellón más atrás.

Como el alemán no se mueve, los enemigos entran sin necesidad de volver a disparar. Irrumpen en la habitación. Tres norteamericanos capturan a los nazis. Un inglés derriba de un manotazo el tablero de ajedrez.

Después son todas risas y llantos de alivio. Los triunfadores destruyen los candados de los portones.

Los prisioneros, bolsas de huesos, miserias humanas, cantan sin dientes, hablan sin voz, bailan sin piernas.

Todos salen menos uno. El joven aprendiz de rabino se ha quedado como dormido en su camastro aferrado a una copia rudimentaria del Talmud. Más tarde será una cifra en el registro de la victoria: una sola bala para tomar el campamento, una sola baja casual.

EN LA ESTACION

Estoy en la estación en medio del campo y debo tomar el tren al pueblo Z, indefectiblemente tengo que abordar el tren de las 3.15.

A mi derecha tengo mi maleta y a la izquierda un bebedero, mientras al frente el reloj de la estación da las dos.

La estación consiste en una sala de espera con dos bancos junto a la boletería, dentro de la cual duerme el guarda. No se ve a nadie más, y las vías se pierden a lo lejos, en una y otra dirección.

El calor me adormece y de pronto, con un movimiento brusco, me despierto. El brazo se me escurre sobre la maleta y hago un gesto de incomodidad cuando me doblo hacia la derecha.

Casi inmediatamente se despierta el

guarda, y llama a alguien de la parte posterior del andén. Los dos se me acercan: el guarda es un hombre rechoncho y colorado, que se agita al caminar. El otro es delgado y de aspecto severo.

"Usted está enfermo", me dice el guarda. "Sí, sí, enfermo, enfermo", corea el otro. Uno me toma del brazo y me examina el pulso, mientras el otro me mira los ojos. "Enfermo", repite.

En vano intento convencerlos de que estoy bien, porque me alzan entre los dos, uno de cada brazo, y me conducen a una calle polvorienta detrás de la estación. "Estoy bien", les digo, pero parecen no oírme y me llevan a la rastra unos cincuenta metros, hasta un galpón que antes no había advertido.

"Primeros auxilios", dice un cartel en la entrada de la vivienda, que parece una humilde casa de familia.

El guarda me hace doler con su robusto abrazo, y me dice, señalándome a su compañero, "el doctor lo revisará".

Imposible persuadirles de que estoy bien, de que sólo he dormitado y, principalmente, que debo tomar el tren de las 3.15.

El hospital parece tener apenas una sala. Hay una mesa de cocina, un lavabo, unas pocas sillas, una biblioteca ínfima y un armario de vidrios detrás de los cuales se ve una docena de frascos, jeringas, algodones.

Con el calor, el apretón persistente, mi

tiga por el viaje forzado, y sobre todo la tozudez de la pareja, empiezo a sentirme mal y pálido. "Ve que está enfermo, doctor", dice el guarda. "No", protesto. "Quiero ir a la estación".

"Nunca he visto un enfermo tan incómodo", dice el doctor. "Parece que no quisiera curarse. O acaso tiene poca confianza en mis conocimientos". En vano quiero hablar, porque la presión del guarda sobre el costado izquierdo se hace intolerable y me corta la respiración. "Admito que los recursos de un pueblo chico como éste no son comparables a los de la ciudad", insiste el personaje delgado. "Acuéstelo", ordena.

Me veo sobre la mesa de la cocina y, cuando intento sentarme, el guarda me vuelve a acostar tan violentamente que pierde la gorra. "¡Mujer!", grita. "Voy, voy", responde una voz chillona, que entra precediendo a una mujercilla rechoncha y nariguda.

Acostado, ya sin recursos que oponer, cruzo los dedos y miro el techo, del que cuelga una lámpara oscilante que me encandila. Cierro los ojos y siento los dedos del médico que me palpan el costado derecho. "Hmmm", comenta severo. "Hmmm". El guarda le pregunta: "¿Cómo está, doctor?", y el delgado sentencia: "hay que operar".

Para ganar tiempo le pregunto a la mujer "qué pueblo es éste". Me contesta que A. "Debo viajar a Z", le explico. "Y tengo que tomar el tren de las 3.15". Los tres responden con una carcajada a coro. El guarda se ríe de tal modo que se congestiona y rompe a toser. El médico se compone enseguida. La mujer responde: "Imposible. El último tren salió anoche".

"No perdamos tiempo", dice el doctor. "Bisturí".

La mujer toma primero unas tijeras de costura, y luego el cuchillo de cocina.

"Límpialo primero", le sugiere el guarda. "Sí, claro", lo respalda el médico.

"¿No hay tren a Z?", quiero saber, e invento (para desviar del diálogo el tema de la operación) que tengo que ir allí "por un asunto de negocios". "¿A Z?", responde el guarda con una pregunta. "En primer lugar no veo cómo nadie podría tener interés alguno por ir a Z. En segundo término, no hay trenes que vayan allí. De hecho —puntualiza recogiendo su gorra—, de aquí no salen trenes a ningún sitio".

"¿No salió un tren anoche?", le pregunto, mirando a la mujer. El guarda se acerca hasta rozar mi cara y me dice "no le haga caso. Sueña con los trenes. Hace años que no pasa ningún tren por aquí. Su marido se fue en uno cuando la abandonó hace tanto tiempo ya que ni se acuerda".

El guarda me aferra las muñecas mientras la mujer me desabrocha el saco, la corbata y la camisa. El médico se acerca con el cuchillo. "Aquí, aquí", tantea. La lámpara oscila y cada vez que deja una sombra sobre mi pecho descubierto el médico acerca la mirada.

"Me siento bien", afirmo con la mayor seguridad posible. "¿Serían ustedes tan amables de permitir que regrese a la estación?". La mujer se sorprende, el guarda se enoja y el médico se ofende. "Así es como se agradecen tantos esfuerzos", dice. "Pero ni usted —me amenaza con el índice frente a mi nariz—, ni usted ni nadie me impedirá cumplir mi deber". El guarda asiente y tiene el rostro más congestionado que nunca.

Primero siento un escalofrío cuando el cuchillo me roza la piel. Luego un cosquilleo cuando abre la carne, y me sorprendo de ver en la abertura capas superpuestas de distintos tonos de rosado. Me asombro de que no me duela. En cambio siento un alivio cuando la piel, antes tirante sobre el vientre, se abre como si se aflojara el cierre de una chaqueta apretada.

Al principio me inclino a mirar el techo, pero es más fuerte la curiosidad. Apenas hay sangre, que la mujer me seca cuidadosamente con un repasador de cocina. Al fondo de la herida se ve un órgano pequeño, rugoso, del color y tamaño de una granada.

"Señores, les agradezco mucho por su atención", les digo, y por el esfuerzo la voz se me enronquece. "Por favor, estése quieto y no dificulte las cosas", me pide el médico. El cuchillo bordea primorosamente la granada y corta una partícula pequeñísima, como un trocito de caño en su extremo. "Ajá", musita el médico.

El calor me molesta y me cae la transpiración por la frente. La mujer me seca con el mismo repasador, tratando de evitar hacerlo con los manchones rojos que me ha impreso la herida. El guarda, satisfecho ya de mi inmovilidad, va a la biblioteca y extrae un libro para distraerme. Lo abre y lee: "Los ángulos internos de un triángulo suman 180 grados. La relación entre el radio y el diámetro en una circunferencia es constante".

"Por favor", protesta la mujer, "siempre con lo mismo". Va a la biblioteca y saca otro volumen. Me lee: "Hay que tener especial cuidado con las manchas de chocolate. Para quitarlas se debe embeber la tela en limón y luego dejarla en remojo varios minutos y fregarla". Cambia la página. "La canela tiene más sabor si se la deja estacionar", prosigue.

El cuchillo ha cortado el otro extremo de la granada, y ahora veo que ésta pugna por salir entre los labios de la herida. "Ahora, ahora", se entusiasma el médico. La mujercilla deja el libro y trae servilletas de papel. La granada me provoca un cosquilleo porque ahora, suelta, quiere salir, y empuja sobre los costados. Como el médico y la mujer alternativamente me abren la herida y presionan sobre los lados, la granada sale despedida con el ruido que haría un corcho al saltar.

Instintivamente trato de tomarme el costado con las manos, pero estoy tan debilitado que no puedo moverme. "El tren", pienso, "el tren a Z". La mujer toma la granada con los papeles y la coloca en un frasco dentro de la vitrina.

"Ahora a coser", dice el médico. Aunque primero limpia una mucosidad húmeda que quiere seguir el camino de la granada. "Trae hilo", le dice a la mujer. Y me explica condescendiente, que "en las ciudades se hace con hilo de tripa de canguro. Pero aquí no tenemos esos lujos". En una aguja de colchonero enhebra hilo grueso. Y al dar la primera puntada parece partirme el hígado. Se me corta la respiración y se me congestiona la nariz. Siento que con cada puntada los pies se me encogen y los dedos de la mano se crispan. "Varios puntos para que la herida quede bien", explica el médico. "Claro que no pretenderá que con los recursos que tenemos le quede invisible. Pero no tendrá inconvenientes mientras no se quite la camisa para que no se le vea la herida".

Siento en el costado izquierdo, arriba, en el pecho, bombazos rítmicos de a dos, con profundidad y lentitud. En las sienes repercuten los latidos por el reflejo de las puntadas.

Se oye un ruido rítmico lejanísimo, y

un pitazo. El médico se yergue. El guarda sale corriendo, urgido por repentina preocupación. La mujer se me sienta al lado y me mira la herida, que sigue latiendo sola. Desde la estación llega el eco de una campanada y un traqueteo inconfundible. El médico limpia el cuchillo y evita mirar la luz oscilante que ahora tiembla como nunca. "El tren de las 3.15", explica la mujer palpándome las costuras. "El tren a Z".

EL MENSAJE DE UN
MILLON DE AÑOS

Inevitable como era, el mensaje me sacudió de dolor. "Tu madre ha muerto", me comunicaron una tarde desde mi país lejano, y lo primero que se me ocurrió fue una frase cursi: "penetraste el misterio de la muerte".

Años atrás la había dejado, ya casi anciana, para buscar mi destino en otras tierras junto a mi mujer y mis dos pequeños, y ahora ella me dejaba a mí.

Pasada la conmoción del primer momento, y no convencido de que toda muerte fuera inevitable, recordé que alguna vez había conversado con mi madre sobre la posibilidad de sobrevivirse. "Si hay algún modo de comunicarme desde allí", había dicho sonriente, "te lo haré saber".

A la puesta del sol pensé que estaba por terminar el último día de la vida de mi madre, y que debía hacer algo por detenerlo. "Si es posible que te comuniques conmigo", pensé, "debe ser antes de medianoche".

Esa noche la cena fue silenciosa, y mis hijos contuvieron sus habituales regocijos. Mi mujer los acostó, me acompañó durante un momento, me tomó de la mano y luego me dejó solo en la penumbra de la sala. Me senté en un sillón frente a la pared oscura, en la que sólo se veía el reloj mural, para estar bien consciente del paso de las horas antes que fuera medianoche.

Las manos del reloj empezaron a acelerarse. En un barrido del cuadrante vi que formaban un ángulo y en él la primera letra del nombre de mi madre. Luego la aguja señaló el número del día de su nacimiento. Enseguida el marco circular del reloj evocó la forma misma de su rostro.

Una sola lágrima me humedeció la mejilla izquierda y advertí entonces que había permanecido horas frente al reloj, imaginando fantasías, y que apenas faltaba un minuto para la medianoche. Nada había sucedido ni sucedería jamás. Decidí entonces acostarme, y subí las escaleras que llevaban al cuarto de los niños para cumplir con el ritual de arroparlos antes de irme a dormir.

Al pisar el último escalón sentí la primera de las doce campanadas de la iglesia, y
frente a la oscuridad del cuarto de los pequeños vi una hebra de luz que salía de la puerta
del altillo.

Con curiosidad, postergué a los niños y
subí los siete escalones de madera que llevaban al altillo. Abrí la puerta y vi que en medio de la habitación oscurísima brillaba un
foco de luz, y por un momento dejé de oír las
campanadas.

Me acerqué a ese punto mágico y advertí
que provenía de un prisma olvidado hacía
mucho tiempo bajo el techo a dos aguas, en
ese cuarto marginado de la casa. "Qué increí-
ble", pensé. "Durante el día ese prisma seguramente descompone todo rayo de luz en colores. Y ahora concentra toda la oscuridad de
la noche en un punto de luz".

En medio de la oscuridad avancé hacia el
foco, y a medida que me aproximaba vi que
la luz no era puntual ya que formaba una letra. Me arrodillé frente a la luz y vi claramente otra letra, y luego una tercera. ¡Eran
las letras que formaban el nombre de mi
madre! Una por una fueron apareciendo en
ese espacio minúsculo, y esa sucesión tomó
para mí la forma de un mensaje.

Contuve la respiración, inmóvil, dispuesto a quedarme frente a la luz toda una eter-
nidad.

El foco titiló y vi que formaba la primera letra, y luego la última, y todas las letras a la vez. En progresión geométrica la luz formó cada una de las letras posibles, el alfa y la omega; la voluptuosidad de las letras griegas y la sinuosidad seca del sánscrito; una letra escarlata; la que entra con sangre; todas las letras con que podían formarse todas las palabras humanas; cada palabra de todos los libros posibles; el Libro del Pueblo del Libro; la Madre de los Libros; el Libro-modelo; Los Libros; el paradigma, la idea, la mónada del Libro; el vértigo me dio todas las letras de todos los idiomas de los tiempos, y entre ellas las del nombre de mi madre.

En ese momento oí un ruido que llegaba desde la cocina, dos pisos abajo, y comprendí que había estado mucho tiempo en el altillo. Al bajar los siete escalones hasta el piso de los niños topé con una hermosa adolescente que me dijo con toda naturalidad "Hola, papá", y salió con paso atlético rumbo a la puerta de calle en la sala inferior. Un muchacho delgado, de anteojos, de fuerte contextura, me vino a buscar: "Dice mamá que está la cena". Le pregunté a mi hijo si se quedaba. "No", respondió. "Me espera mi novia. Volveré temprano".

Cuando bajé a cenar me encontré con una mujer muy bien conservada, pero bastante mayor que yo. Era mi mujer. Me contó que en los últimos años nuestra hija había terminado la escuela secundaria y que estaba por entrar en la universidad, "aunque no sabe bien todavía lo que quiere". Agregó que el muchacho era ya "todo un hombre" y que tenía vocación por las ciencias. "A mí en estos últimos años me ha dado artritis", comentó, y me mostró la mano que poco antes me había estrechado juvenil cuando escuché la infausta noticia sobre la muerte de mi madre.

Terminé la cena y la sobremesa no se prolongó más allá de lo necesario para conocer a grandes rasgos lo que había pasado la familia en una década. Pese a que sentí haber perdido esos momentos, advertí que la muerte de mi madre era una pérdida mayor.

Ya solo, volví a escuchar la primera campanada de la medianoche, e instintivamente emprendí el camino hacia el piso superior. Cuando me disponía a entrar en el cuarto de los niños para arroparlos, recordé que ya eran casi adultos. Por otra parte ninguno de los dos había regresado todavía. Me volví para bajar al dormitorio, cuando una vez más vi el hilo de luz que salía del altillo.

En medio de la oscuridad el foco de luz brilló con intensidad insólita, y vi claramente que formaba un número. El día del cumpleaños de mi madre. Me acurruqué junto a la luz, y me concentré en ese número ínfimo.

En el prisma vi, primero con lentitud y luego con aceleración geométrica, los números que habían marcado la vida de mi madre; luego los míos, los de mi familia, todos los números posibles; el cero y la nada; lo infinito y lo determinado; los números astronómicos y las cifras microscópicas; una serie de oro; el primero y el último de todos los números de todos los cálculos posibles, y entre ellos los números que me hablaban de mi madre.

Creyendo oír todavía los ecos del tañido de la medianoche que había interrumpido un instante antes, salí del altillo y al bajar los escalones me encontré con una puerta nueva. Miré los cuartos de los niños y eran totalmente distintos. Uno de los cuartos estaba pintado de celeste y guardaba una cuna. En el otro había una cama de matrimonio.

Una mujer de mi edad me explicó: "Papá, esta es la pieza de tu nieta, y ésta otra la mía y de mi marido". Y agregó: "vivimos aquí". Junto a nosotros pasó un hombre que parecía mi mellizo y me comentó, como a un colega, que esperaba triunfar como investigador bioquímico. De pronto se detuvo y recordó: "Mamá murió hace algunos años".

Los tres cenamos junto con el marido de mi hija y con mi nieta, que era igual a la hija que yo había pretendido arropar momentos antes o décadas antes, cuando murió mi madre. Me contaron a grandes rasgos los acontecimientos familiares.

Me quedé conversando con mi hijo sobre

sus investigaciones, hasta que se fue a dormir al filo de la medianoche. Entonces volví a sentir a lo lejos el timbre familiar de la campanada.

Subí —tres veces en tres minutos o tres veces en treinta años— la escalera que accedía al piso superior. Por la puerta entreabierta vi la cuna de mi nieta, a quien no me atreví a arropar porque me parecía una intrusión en una vida ajena, y allí estaba nuevamente el hilo de luz proveniente del altillo.

Entré en el recinto oscuro y me acerqué al minúsculo foco de luz, en el que vi un círculo que se tornó ovoide y luego adquirió el contorno del rostro de mi madre. Luego se estilizó y se transformó sucesivamente en un punto, una recta, un ángulo, un plano y prodigios de volumen. Vi paralelas que se tocaban, formas inéditas, continentes sin contenido, coloides que cristalizaban, un cubo de catorce ejes de simetría; vi todas las formas de toda posibilidad de manifestación en el espacio, y entre ellas las formas del rostro de mi madre.

Cerré los párpados para descansar los ojos y bajé consumido por el prodigio.

Frente a las puertas de los dormitorios volví a notar grandes cambios. El de mi hijo estaba lleno de fotografías de cantantes adolescentes, y comprendí que debía ser el cuarto de algún nieto. El de mi hija ya no tenía cama matrimonial, sino un sencillo diván y gruesos cortinados.

Desde el piso inferior una voz de mujer —parecía la voz de mi madre— me llamó. "¿Ya volviste?", preguntó.

Bajé presuroso la escalera mayor y en medio de la sala encontré a una anciana sonriente que me dijo: "Qué bueno que volviste. Yo ya no soy muy joven", y recalcó "papá". Reconocí entonces a mi hija, que con la edad había llegado a parecerse increíblemente a mi madre. Las dos parecían confundidas en una sola imagen, en una figura, en una sonrisa.

Esa noche la sobremesa fue tan animada como nos lo permitieron nuestros recuerdos. Mi hijo había muerto sin cumplir sus sueños vocacionales, pero había dejado una estela de afectos sólidos. Mis nietos eran adolescentes, y se parecían a los que yo había visto en mis hijos después de mi primera incursión al altillo.

Mi hija, mucho mayor que yo, me proporcionó esa noche la misma compañía cariñosa que me solía dar mi madre, pero poco antes de la medianoche parecía muy fatigada y me dijo que se iría a acostar. Se levantó de su silla, me acarició la cabeza con su mano huesuda y se dirigió lentamente a su cuarto. Antes de desaparecer en el giro de la escalera se dio vuelta y me preguntó: "¿Es ésta la última vez?", y con una sonrisa se retiró sin esperar respuesta.

Casi enseguida sonó la primera campanada a lo lejos. Una vez más subí la escalera hasta el piso superior. La puerta del cuarto de mi hija estaba entreabierta y me llegaba desde allí su respiración trabajosa.

Me detengo un instante en el rellano. A mi derecha el recinto de mi hija-madre y a la izquierda el desván, de cuya puerta sale el hilillo de luz como un interrogante. Pienso si vale la pena dejar la ilusión del prisma por la realidad de mi hija anciana. Me preocupa sobre todo la idea de que el universo conocido se destruirá en cinco mil millones de años, y en mi soledad de eones una vez que mi hija muera. Pero mi hija está destinada a morir, y la ilusión a seguir viviendo. Subo la escalera rumbo a la cita inevitable.

Irene Prieto

IRENE PRIETO: UNA MEXICANA MUERDE LA GRAN MANZANA

Estos cuentos de Irene Prieto, bastante representativos de su prosa (ella escribe también versos y ha publicado *Los poemas de Irene*), son eminentemente sensoriales. Los olores, los colores, las texturas, los ruidos ocupan un lugar importante. Aunque se trata de cuentos urbanos, están salpicados de alusiones a la naturaleza, la fuente de la vida sensorial. Manhattan evoca de inmediato "la roca basáltica en que se asienta", la llegada de la primavera parece ocurrir en pleno campo: se habla de lirios, azafranes, gorriones y hierba tibia.

Este interés en los sentidos no sorprende, viniendo de una mujer. ¿Se trata de cuentos feministas? No. Si hay polémica, no es contra la mitad masculina de la tierra, sino contra las propias mujeres. Con unas, los textos son comprensivos, indulgentes; con otras, resultan impacientes, críticos, incluso perentorios.

Las primeras son mujeres solitarias, que observan su entorno más de lo que se identifican con él; se trata de las personajes principales, o de otras que, como lo dice un cuento, pertenecen a "los humillados y ofendidos" de la ciudad: una mendiga negra, una anciana que se maquilla obsesivamente en un café. Las segundas son más difíciles de nombrar; pero algunos de sus atributos parecen ser la juventud, la "piel láctea", una "buena dosis de glóbulos rojos", "la satisfacción de saber que alguien a sus espaldas tiene siempre la cartera repleta". Está claro que, a ratos, el ánimo de estos textos puede ser colérico y mordaz.

La polémica abarca también Nueva York. Y quizá éste sea el principal denominador común de los cuentos. Oponen una nostalgia insistente por la patria a la sensación de exilio que produce la gran urbe. Los recuerdos generalmente agradables del pasado en el lugar natal se contraponen a las pesadillas, el insomnio, los amores superficiales y la soledad presentes, que parecen reflejarse en la miseria y el abandono de los "humillados y ofendidos" circundantes. La mirada se fija de inmediato en éstos, presa de una identificación íntima.

A pesar del espíritu polémico, todo ello desemboca en finales suaves, por así decir. Nada de giros abrúptos por los que uno quede sorprendido. Prácticamente, los cuentos permanecen abiertos y el lector podría continuarlos a partir de los elementos presentados.

Por lo pronto, invito a leerlos. Y a dejarse mecer por su dolor agridulce.

Fernando Hampe

DEL EXILIO

Es una sensación extraña despertar entre las dos y tres de la mañana y escuchar desde la calle no sólo el paso de los autos y camiones sobre el asfalto, que a esa hora se antoja el rugido del mar, sino voces también: canciones de borrachos, carcajadas, gritos desgarradores. El calor no deja dormir a Luisa. Al asomarse por la ventana le parece estar en el teatro: no se enfrenta a la oscuridad de la madrugada, sino a una iluminación feérica: faroles y semáforos, las letras doradas y brillantes del HOTEL, las rojas tijeras luminosas de la peluquería UNISEX, los foquitos amarillos de la bodega de enfrente, en la que se vende cerveza las 24 horas.

En el extremo norte del camellón plantado con arbustos y arces jóvenes, los ruidosos negros e "hispanos", como les dicen aquí, celebran el verano, encienden a todo lo que dan sus radios enormes y acompañan el estruendo con latas vacías arrojadas a media calle.

Los mexicanos, últimos en llegar a la ciudad, se reúnen en una esquina, entre el almacén y la boca del metro, y tocan insistentemente en la radiocasetera "Y volver, volver, volver..."

Desde el quinto piso, Luisa no llega a distinguir sus rostros, sólo sus movimientos. Gesticulan, avanzan, retroceden, como si estuvieran bailando. Todos ellos son extranjeros en Nueva York: exilados de tierras más cálidas. Esta noche de verano debe recordarles las de su infancia.

Ni aun de día les ve las caras. Cuando cruza la calle y debe detenerse a la mitad para esperar el cambio de luz, ellos siguen ahí, tambaleándose, o sentados, hablando una lengua tartajeante, incomprensible, sosteniendo en la mano una bolsa de papel por la que asoma el gollete de la botella. Luisa evita mirarlos; siente que a la luz del día son fantasmas, residuos de su propio insomnio y que no tiene derecho a espiarlos de tan cerca.

Ha vuelto a tener la misma pesadilla y la recuerda en el metro: en medio de la multitud, a la vista de todos, se le cae la cara, no se sabe si de vergüenza o de vieja. Lentamente se le desprende la piel desde la frente, de los pómulos, hasta quedar colgando del mentón. Presa del pánico, delante de sus vecinos de vagón no se atreve a cerciorarse, palpándosela, de que aún conserva la epidermis que Dios le dio, piel de mexicana de cincuentaitantos años, con sus arrugas, sus manchas, sus vellos. Si deja que se le desprenda completamente, será la despellejada, hermana del Xochipilli-Macuilxóchitl, muerta sin su nahual-careta que la proteja, sin su nombre. Será alma en pena, la Llorona buscando a sus hijos...

Luisa sin nombre. El padre abandonó a la madre cuando la niña tenía cuatro años. Luisa no vio nunca una foto de él; no lo recuerda, aunque tal vez lo extraña, por mucho que la abuela y los tíos con los que se crió le hayan llenado los huecos del afecto. Dice el Código Penal mexicano: "Al que sin motivo justificado abandone a su cónyuge e hijos sin recursos para su subsistencia, se le aplicarán de uno a seis meses de prisión y privación de sus derechos de familia." Y añade: "...el delito de abandono de hogar sólo se perseguirá a petición del cónyuge ofendido..." Pero la madre de Luisa nunca llevó su queja más allá de las cuatro paredes de la vida doméstica. Se hubiera dicho que llevó la pequeña tragedia con estoicismo, o que a su derredor se le dio

131

a entender que aquello era parte de la costumbre social...

Haciendo un esfuerzo supremo, inicia una serie de ejercicios faciales destinados a fortalecer los músculos tan gastados por toda una vida de visajes. Llegada a su estación, se recompone y al salir echa un último vistazo desesperado a su reflejo en el vidrio sucio de la ventanilla: melena gris, ojos oscuros y ojerosos, la boca tensa pintada de rosa. Una respetable señora.

En la calle, hay una neblina que impide ver el azul. Manhattan se extiende de río a río. La humedad es abrumadora este día de fines de julio. Por eso, cuando aspira, Luisa extraña doblemente el aire seco y picante de su infancia y juventud, en su ciudad natal.

A su derredor, la gente se apresura: figuras de colores pastel que transitan ordenadamente, con una misteriosa habilidad para no rozarse siquiera unos a otros. Avanzan con un propósito en apariencia definido, los rostros recién lavados y afeitados.

Cojeando levemente del pie izquierdo, al tener que apoyarse para bajar la acera, Luisa frunce el ceño: "¡Maldita sea mi estampa! Los tacones me están matando otra vez... Pero ni modo de salir a la calle con chanclas, mucho menos para ir a trabajar. Con éstos, andaré coja, pero me veo arreglada..."

"¡Veinte años de vivir aquí! "Recorre

con la mirada las torres y el perfil de la calle por la que va: casas de cuatro pisos, de piedra rojiza con escalinatas, rejas de hierro, macetas con geranios. Frente a las escaleras de una de ellas se detiene a buscar la dirección que lleva anotada en un pedazo de papel. Un grupo de ancianos conversa a su lado, vecinos sin trabajo ni escuela, sin mamá ni dama de compañía que los lleve al parque un rato. Mujeres de pelo canoso y rizado a la permanente, encorvadas en sus vestidos floreados, primaverales. Hablan volublemente:

—Mi marido murió hace veinte años... Todo este tiempo viviendo sola.

—Sí, las mujeres viven más que los hombres —comenta un anciano vestido con camisa de manga corta y pantalones caqui, flojos.

—¿Vive la mujer de usted?

—Sí.

—Qué suerte.

—¿Eh?

—Qué suerte tiene de que le viva su mujer.

Ve que ha llegado antes de la hora y decide tomar un café en el Horn and Hardart de la Tercera y 42. Deja su maletín blanco en una silla mientras va al mostrador a servirse; coloca la bandeja en la mesa y se sienta, cuidando de conservar el bolso sobre el regazo. Mira a su derredor: "Veinte años de vivir

133

aquí", repite, "y todavía no me acostumbro a los gestos de esta gente; a su soltura de muñecos de alambre, a la tiesura del labio superior, cuando hablan, a la mirada clara, inexpresiva. No me acostumbro tampoco a los edificios altos, a la ausencia de montañas cercanas, visibles desde las azoteas, a la falta de azoteas, a este clima perro..."

Años atrás, Luisa se sentía aterrada por todo lo que le habían advertido sobre los peligros de Nueva York: el metro, los elevadores, los parques. Por eso el comedero ese, en la mera esquina, con sus grandes ventanales iluminados, le había inspirado confianza: los parroquianos eran casi todos hombres y mujeres de más de sesenta, definitivamente jubilados, solitarios, como lo denotaba su mirada perdida en el vacío. Parecían ser los humillados y ofendidos de esa ciudad exhuberante. Pero de alguna manera habían conservado su dignidad. Desde aquellos tiempos, Luisa los ha comparado con otros: no pasan los días en la banca de un parque, ni vagan por la terminal de autobuses; tampoco ocultan su soledad en cafés pequeños y oscuros, detrás de un The New York Times desplegado agresivamente. Si algo leen, es el New York Post, inclinándose sobre la mesa. Por el ventanal, las gárgolas aladas del Chrysler Building se asoman hacia la calle, como burlándose de la humanidad.

Han redecorado el local: le han devuelto su estilo art nouveau: espejos biselados, letras redondas, suave música de los años veinte, o la acariciante voz de Frank Sinatra. Luisa es fiel al lugar porque en él es posible aislarse. Una vez pasadas las puertas rotatorias, nada la toca ahí dentro; ni las sirenas de los bomberos, ni el duro asfalto, ni las bocinas.

Es fácil quedarse ahí las horas muertas, frente a este tarro de café que nadie vendrá a arrebatarle o a tratar de llenar de nuevo, presionando para que haga más consumo o se salga. Ha cambiado poco la clientela con el paso de los años; es probable que haya aumentado el número de pobres, de jóvenes desempleados, de negros sin casa. De hecho, hoy Luisa se siente más cerca de los clientes habituales: viejos y viejas solitarios. A veces se les ve en pareja: dos amigas, marido y mujer, fuereños, un joven escritor. En la mesa de más allá, una mujer anciana ha terminado su sandwich y su café, saca del bolso una polvera y se pasa obsesivamente un lápiz de pintura rosa sobre los labios vacíos de sangre. Con gesto concentrado, la boca visible en el pedacito de espejo, el mentón alto como en los mejores tiempos, no debe sentir —piensa Luisa— ni las arrugas de la cara y el cuello, ni la resequedad del cabello ralo, varias veces teñido. Al repasar la crema de color sobre los labios fláccidos debe pensar en otro lugar, más allá de estas torres y calles que la rodean, del ruido y la basura de la ciudad, en el jardín de las flores primeras, cuando se quedaba extasiada ante los pétalos de la peonia o del magnolio rosa: grandes, delicados y efímeros. Caían con las primeras lluvias de mayo. Imagina Luisa su risa y su rubor, el primer beso bajo el cerezo en flor, la primera vez que se puso color artificial e innecesario en los labios...Tendrá suerte si no llega a enterarse de que este refugio desaparecerá, para ceder su espacio a otro GAP.

—Tampoco te acostumbraste —le dice una vocecita interior, cuando vuelve a tomar un sorbo de café—, tras treinta años de vivir allá, a las carreras de los camiones de pasajeros en las calles de la ciudad, a los empujones y pellizcos en las entradas y salidas del metro... Ni a los coches último modelo de la zona rosa, a las muchachas de piel láctea y buena dosis de glóbulos rojos, cuyos ojos brillantes reflejan la satisfacción sensual de saber que alguien a sus espaldas, quién sabe cómo, tiene siempre la cartera repleta...

—No te acostumbraste, dilo, a las mujeres sentadas en la banqueta, a la salida de los teatros, cerca de la medianoche, en la capital, en Acapulco, con sus blusas de satén y sus faldas de volantes multicolores, con el niño pegado al pecho oscuro, ofreciendo en silencio cajitas de chicles, montoncitos de cacahuates o pepitas, trozos de algodón primorosamente bordados en punto de cruz. Mujeres de Oaxaca, de la Sierra de Guerrero o del Estado de México, descendientes de los habitantes originarios de tu país, que hablan entre sí una lengua musical y líquida que no entiendes; mujeres de mirada húmeda y negra que todos evitan, como tú aquí, cada mañana, la de tus compatriotas...

A la sombra de monumentos barrocos, de fachadas de tezontle, te hostigan en el sueño hombres sin piernas, torsos rodantes; niños que no saben que lo son, ocelotes de carita manchada: "¿me compra un chicle, güerita?".

¿Te abrumaba la sangre de los cristos, los hombres y mujeres de rodillas, los cantares de ciego? "Perdón, vida de mi vida...".

Te ahogabas, te paralizaba el miedo a la responsabilidad. Te sentías sola, cuando debías sentirte solidaria. Incapaz de adaptarte a aquel mundo, a sus alegrías y sus tristezas, aceptarlo como tuyo, manejarlo según sus leyes o imponerle las tuyas. Aquí es distinto: nada te va ni te viene, no tienes vela en este entierro.

Pasándose la mano por la frente, Luisa quiere ahuyentar los malos pensamientos, como antes quiso hacer desaparecer el recuerdo de la pesadilla. Toma un último sorbo de su café y sale.

Llega al edificio y sube las escaleras hasta llegar, casi sin aliento, a las puerta del 4 B. Le abre una mujer de mediana edad, ojos bonitos y maquillados. El cabello negro y ondulado le cae sobre los hombros. Se envuelve en un kimono de seda verde bandera.

"Espero", piensa la manicurista mientras sonríe y saluda, deja el bolso en la silla y del maletín saca la bata blanca, "que no sea muy parlanchina... Si lo es, tendré que seguirle el juego, contándole mentiras autobiográficas...".

NEGRA CONSENTIDA

—Nunca me hará falta esta ciudad —piensa Valeria al poco tiempo de llegar a Nueva York, mientras camina hacia la boca del metro en Astor Place—. O, lo que es lo mismo, nunca me dolerá, pues no tiene la belleza estática, ruinosa, gris o naranja, caótica o monumental de otras ciudades. Esta isla fluye, como los ríos que la rodean, falsos o verdaderos. Y permanece, sólida como la roca basáltica en que se asienta. Su reflejo es ella misma: se resquebraja y se reconstruye continuamente, a un ritmo sincopado, sin armonía.

Observa la diversidad fisonómica; ¿en qué otro lugar del mundo es posible encontrar a mediodía, en cualquier avenida, los rostros de veinte razas distintas?

—Tiene de todo, pues, menos el poder de lastimar, como lastiman las grandes pasiones o su recuerdo. Provoca, más bien, una sensación de ausencia. El espectro de colores reducido a fantasma.

La noche anterior se había detenido en el anexo de Gryphon, la librería de viejo, donde se anunciaba una barata. Habían reacondicionado el segundo piso de un almacén medio abandonado: dos enormes salas con asientos, libreros de pino oloroso atiborrados de libros, sobre un fondo de música clásica. Pidió la llave para ir al único baño y salió al pasillo. Al abrir la puerta casi tropezó con un pobre hombre que dormía en el suelo, a un lado de su carrito de metal lleno de papeles y trapos malolientes.

Cada mañana, rumbo a la Art Students League, observa el paso decidido, hasta voluntarioso, de las jóvenes neoyorkinas. Es algo que, precisamente, les da la ciudad: no tanto confianza, como sentido de responsabilidad: si no se ocupan de ellas mismas, ¿quién?

Ve también a la negra en la esquina de la 57 y Séptima. Tiene un aspecto digno, se diría que orgulloso. Parece mirar a los transeúntes, por debajo de los párpados semicerrados, con una dosis de ironía. Por lo general se mantiene callada, de pie junto a la salida del vapor de las instalaciones subterráneas, con el cuerpo robusto y derecho enfundado en una abrigo oscuro, las manos juntas bajo el vientre. A veces abre la boca y entona una cancioncita —*Negra, negra consentida, negra de mi vida, ¿quién te quiere a ti?*— pidiendo limosna por el amor de Dios. ¿Habrá sido cantante en su juventud? ¿O es sólo el don innato de su raza?

Tocada con un gorro de lentejuelas rojas, puede dar la impresión de vivir en auténtica libertad incondicional, no como el resto de los mortales, especialmente en esta ciudad. No lleva muchas posesiones consigo, y no se sienta nunca sobre la tapa del alcantarillado, como hacen los otros dos hombres en la acera de enfrente. Pero al igual que ellos, fuma de pie.

Cuando calienta el sol, sí se sienta, sobre unos periódicos doblados, apoyando la espalda en el muro, el mentón en alto, desafiante. Se quita el abrigo y lo deja doblado sobre el carrito. En otra época, tuvo casa, un dormitorio con silla, cama, tocador y armario.

Las dos mujeres jóvenes, de entre 25 y 30 años, que esperan el "crosstown", la miran de reojo.

—¡Pobre! Me da una pena... Seguramente es una de las que dieron de alta en uno de los manicomios de la ciudad, por falta de espacio...

Hospital para enfermos mentales, quieres decir. Pero, ¿Tú crees que se da cuenta?

—¿De qué?

141

—De esto: de que está en la calle, de que no tiene casa.

—Y tú, ¿qué crees? Un recién nacido tampoco se da cuenta, y eso no quiere decir que puede dejársele a la intemperie día y noche.

—Bueno, pero el bebé no podría sobrevivir. Ella sí. Mírala. Si hasta se ve fuerte. Además, de noche tiene cama.

—¿Tú crees?

—¡Mira! Ahí viene nuestro camión.

Valeria quiere pintarla, pero la ubicación no es óptima: si se coloca en la acera de enfrente, el rojizo sol poniente le da en la cara y hace invisible a la negra, y si se va más lejos, a la otra esquina, tampoco la ve, además de que puede enloquecer con el tráfico incesante de la hora punta.

—... de cuerpo entero, grande, robusta, digna; con la blusa negra y el chupón con que a veces reemplaza su cigarro. Las lentejuelas serían las luces nocturnas; el cuerpo sinuoso como río, lleno de historias, y a un lado el carrito con todas sus pertenencias. La mirada fija en un punto, y en los labios una media sonrisa. O bien, entreabiertos, cantando el manisero, no me da para un café, güerita...

Terminado, colocaría el cuadro horizontalmente y lo titularía: "Ciudad".

EL DESHIELO

Poco después de conocerse a fines de noviembre, en aquella ciudad inhóspita, empezaron a salir, sobre todo los viernes por la tarde. Se iban tomados de la mano por avenidas y calles arboladas o grises, a la sombra de altísimos edificios que se perdían entre las nubes, un poco al azar, dejándose llevar por las multitudes del fin de semana, las ganas de olvidarse de la rutina y divertirse, sonriendo porque al día siguiente no tenían que madrugar.

Al cine muchas veces, o a tomar una copa y luego a cenar. Alguna vez, a bailar. La primera vez que ella dejó que él le acariciara el hombro desnudo, habían dejado el vaso de jugo de naranja con vodka y bailaban "La muchacha de Ipanema", en pleno invierno. Después, al departamento de uno de los dos.

143

Para llegar al de él, en el Bronx, había que tomar dos trenes, sufrir el frío en los andenes al descubierto, el miedo en la calle oscura. Para llegar a su cama, había que pasar por alteros de periódicos, calcetines, latas de cerveza. Ella decía cómo puedes vivir en este chiquero, y él reía.

Durante meses, ella esperó que él le diera mayores muestras de su aprecio: algo más que el gesto casi mudo de salgamos el viernes y el doy por sentado que nos vamos a levantar juntos el sábado y vamos a mirar desde la cama, por la ventana atravesada de rejas de hierro, las palomas o la nieve cayendo lentamente. El le daba su sonrisa de niño malicioso, la caricia en los senos y el orgasmo. Luego se iban juntos al parque, a caminar alrededor del estanque congelado, o bien de librerías.

Ella no pensaba en casarse, ni mucho menos. Sin embargo ansiaba, como algunas mujeres, que la pareja del momento le dijera que la quería. El callaba, y mientras más callaba, más se distanciaba ella de él, sin darse cuenta, sintiéndose confusamente rechazada, cosa, e inventándole un orgullo que el pobre muchacho, en esos asuntos, y menos con ella, estaba lejos de sentir.

Pasaron el largo y duro invierno juntos, necesitados de calor y compañía.

Y llegó la primavera, clara y breve. Un domingo de abril estaban en el parque. El

deshielo era general: florecían los lirios amarillos como soles y la flor del azafrán, al pie
de los árboles, piaban los gorriones en las
ramas. Recostado sobre la hierba nueva y tibia, bajo un cielo manchado de nubes blancas,
él la vio de perfil. Sentada a su lado, apoyado
el cuerpo en las manos, arqueaba el torso,
dando la cara al sol con los ojos cerrados. El
empezó a hablarle de sus planes. Voy a terminar la maestría y entonces dejaré este
empleo; me gustaría establecerme en una
ciudad de provincia, y trabajar de investigador. He estado pensando que podríamos
irnos juntos, casarnos... Quedó sin aliento e
hizo una pausa, para ver la reacción de ella,
que no se movió. Pasó volando una pequeña
mariposa blanca. ¿Eh? preguntó él, apoyán-
dose en los codos, tocándole la mano. ¿Te
casarías conmigo?

Enderezándose, ella se volvió como en
cámara lenta, abrió los ojos y tuvo que par-
padear varias veces, pues el resplandor la
había cegado momentáneamente. Como sentía
la llegada de la primavera, y le parecía que
todo iba a cambiar, que se acabarían definitivamente las noches largas y frías, que em-
pezaba otro período de su vida en esa ciudad
ya no tan extranjera como al principio, murmuró: A lo mejor...

Pocos meses después, otro viernes por
la tarde, estaban milagrosamente aislados

de la multitud, a orillas del lago. Los árboles acababan de perder los últimos pétalos blancos y rosas, y lucían en todo su esplendor el ropaje veraniego. El aire les llegaba cargado de húmedos aromas verdes. Había cisnes y patos en el agua, niños en la otra orilla, parejas. El hacía barquitos con las hojas y los dejaba flotar en el agua. Después de un largo silencio en el que parecían estar compartiendo los mismos pensamientos sonrientes, ella empezó a dar una confusa explicación sobre su estado de ánimo y necesidades, que él no comprendió del todo, pero siguió escuchando con la sonrisa en los labios. Le dijo que había conocido a otro hombre... Como me parece que nuestra relación no va a ninguna parte, mejor dejamos de vernos, le dijo, arrancando unas briznas de hierba, sin mirarlo. A sus espaldas habían empezado a tocar música de marimba, y de reojo él vio a dos mujeres que bailaban alegremente sobre el pasto. Se quedó inmóvil, silencioso. Aunque ella se hubiera vuelto entonces, no le habría podido ver la cara, porque él se estaba inclinando un poco más, como buscando en las aguas verdes que la brisa ondulaba el reflejo de la felicidad pasada.

Alfredo Villanueva-Collado

ALFREDO VILLANUEVA-COLLADO: SUBVERSION Y DESAFIO

Los tres cuentos incluidos en esta Antología, "El Premio", "El Macho", y "Hombrespejo", establecen definitivamente la presencia de una voz narrativa cuyo discurso es directo, atrevido, político. En el Prólogo de "Grimorio", Villanueva-Collado escribe: "...Pero mi vida constituye un Acto político, un desafío, porque no la vivo desde las normas del falo, de la iglesia o de la psiquiatría,...". La ira que sostiene esa voz no permite cmpromiso, neutralidad.

En "El Premio", el hablante/escritor se desenvuelve entre dos espacios, Puerto Rico/Estados Unidos, creando una perspectiva problematizadora de la cual se va extrapolando la hipocresía y hostilidad que exhibe la sociedad isleña hacia el puertorriqueño que escribe en Estados Unidos: "le falta patria". Frente a esta situación,

149

el escritor desafía la patria y rechaza absolutamente la isla como mercado para sus cuentos: "Querida Graciela, aquí te envío copia de mi último libro. Eres la única que la recibirá por allá, porque ya no me interesa que me lean en Puerto Rico...".

"El Macho" crea un espacio de sexualidad y placer donde la ira y el deseo se conjuran en un personaje que representa todo el conservadurismo y la represion sexual de la sociedad neorriqueña. El protagonista piensa: "No los tolera. Los aguanta porque ella los considera sus mejores amigos, porque cuando no está con él, está con uno de ellos, y eso no es competencia. Si ser culto es ser maricón, el precio es demasiado alto". Frente al dilema que le presenta la inevitabilidad del placer, el hombre lleva el machismo de su voz hasta sus consecuencias lógicas: "Lo cual prueba que una mujer educada is a real mean bitch... No importa... Allá afuera tiene que haber otras que sepan apreciar lo que ofrece...".

En "Grimorio" Villanueva-Collado incluye un poema que nos da muestra de la intensidad poética que luego crea en "Hombrespejo":

Por ti, habría que
arriesgarlo todo,
tirarse a la calle, que
recibe a cualquiera, sin
adornos, desecho de las

aguas, un ser que ya
no pertenece a su
elemento, buscando un
alma que corresponda
al cuerpo,... (Espíritu del Agua)

En "Hombrespejo", una voz busca un cuerpo. El alma ya se ha revelado: "Con el tiempo, dada su naturaleza que de por sí había sido siempre poco comunicativa, llegó a considerarlo como el ser más cercano a él, y le llenaba de una extraña felicidad el saber que no lo compartía con nadie. Quería verlo de cuerpo entero".

Lo más obvio de este cuento es la forma en que Villanueva-Collado une varios elementos para crear una atmósfera notablemente mágica. El final sorprendente de "Hombrespejo" es una apoteosis, la culminación de una búsqueda que va más allá de la realidad y desafía la inevitabilidad del espacio carnal.

En estos tres cuentos, Villanueva-Collado destaca un elemento narratorio cuya diversidad de voces se sostiene a través de subversión, desafío y búsqueda de un espacio donde "la forma más pura de la comunicación es aquella que prescinde de las palabras...". ("Hombrespejo", 83).

Nellie Teresa Justicia

HOMBRESPEJO

Para Bruce Cassels

La primera vez que notó el fenómeno no le hizo caso, pensando que el vidrio del espejo del gabinete del baño estaba enfermo, esto es, perdiendo el azogue. No era lo primero que había decidido no funcionar en el departamento. A la estufa se le habían ido muriendo las hornillas, y para prender lo que quedaba tenía que usar un alicate, lo cual clasificaba de alta tecnología, lo mismo que aguantar uno de los audífonos con un imperdible o empujar la manigueta del inodoro tres veces hacia la izquierda para impedir que el chorro se conviertiese en catarata.

Saliendo de la ducha, observó con fastidio que el vidrio estaba empañado, lo cual le sorprendió porque dejaba la puerta del baño

abierta precisamente para que eso no suce-
diera, pues le molestaba tener que secarlo
para afeitarse. Le daba manía mirarse en un
espejo lleno de gotas que no querían acabar
de evaporarse, sino que obstinadamente se
regaban aún más mientras más intentaba
asesinarlas con la toalla. Esta vez no fue vapor lo que se requedó sobre la superficie del
espejo —más bien una vibración oleaginosa
que parecía originarse en el aire detrás de su
cabeza.

Asumió que sería todavía efecto de la
humedad, así que terminó de afeitarse y no
pensó más en ello.

Dos noches más tarde tuvo necesidad de
levantarse hacia la madrugada a cumplir con
una llamada de la naturaleza, causada por
una botella de vino que un poco impruden-
temente había tomado con la cena de la noche anterior. Por impulso se asomó al espejo
y observó, con una sorprendente falta de
sorpresa, que de su propio rostro salía una
extraña visión en azules eléctricos y morados
subidos, una luz que se separaba de sus facciones y que, colocándose en algún espacio a
sus espaldas, se transformaba en la cara de
un hombre que lo miraba fija, sonreídamente.

En un segundo se le ocurrieron muchas
cosas —que todavía estaba dormido, o que alguien había penetrado por la ventana— pero
esto no era un sueño y la pared del baño le

quedaba a unos pocos centímetros de la espalda. Además, la luz de neón, un sol en miniatura, eliminaba toda posibilidad de carácter sobrenatural. Sacudió la cabeza y el otro profundizó la sonrisa. Vestía una camisa blanca con un patrón de cuadritos rojos y azules. Era de mediana edad, pelo castaño, abundante y ondulado, cejas leoninas, piel curtida y grandes ojos de un azul claro. Desapasionadamente tomó nota de la nariz un poco achatada, lo cual le afeaba facciones por demás atractivas. Apoyado en el lavabo, estudió su propio rostro, que en este preciso momento se le antojaba el de un niño sorprendido, con sus ojos marrones escudriñantes, sus largas pestañas de las cuales había estado siempre tan orgulloso. No hizo un gesto para dirigirse al extraño, el que sólo percibía de los hombros hacia arriba. Abruptamente apagó la luz y se regresó a la cama.

Se durmió rápido —sin miedo, sin soñar. Al otro día no pasó nada, ni al siguiente. Al tercer día, sentado en el tren, atisbó su perfil en el vidrio de la ventanilla, ya su lado el perfil del extraño, que por un truco óptico aparecía superpuesto sobre el suyo. En la próxima estación el vagón se llenó de gente pero el reflejo no desapareció. Lo vió de nuevo en el ventanal de su oficina, que siempre le provocaba un miedo irracional de que, por estar abierto, le causara una caída fatal hasta la calle cinco pisos más abajo. El rostro. Los hombros.

Pasaron varias semanas y ya casi se había olvidado del asunto cuando se le apareció de nuevo en el espejo del baño. Esta vez se atrevió a comentar en voz alta: "No soy Orfeo y esto no es una película francesa." El otro echó la cabeza hacia atrás, sacudió los hombros y abrió la boca espasmódicamente. Tuvo la aguda certeza de que escuchaba sus carcajadas a pesar de que no se percibía ningún sonido. "No es cosa de risa," afirmó, pensando que ahora sí que se había vuelto loco —sin duda consecuencia de ciertos experimentos con sustancias prohibidas. El otro hizo un gesto tranquilizador, como incitándolo a que siguiera hablando. "Parece que quieres conversación." El otro asintió con la cabeza. "Bien," continuó mientras se rasuraba, "no sé quién eres ni de dónde vienes, pero hablar contigo es mejor que hablar con mis distinguidos e imbéciles colegas. Y además, tienes la cortesía de no interrumpirme. Déjame comenzar por el principio. Nací en...." El otro se llevó un dedo a los labios y lo miró intensamente. Sintió un dolor agudo, como el despecho de un rechazo, bajó la vista y al levantarla de nuevo el otro había desaparecido.

Apresuró el paso hacia el tren, esperando que allí se repetiría el fenómeno de otros días. Necesitaba volverlo a ver, casi lo echaba de menos, y ocurrió entre un viejo que olía a basura y una señora gorda que lo empujaba con el paraguas para hacerse sitio en el vagón abarrotado. Del vidrio de la ventanilla rebotó un reflejo azul y violeta. "Desgraciado," pensó. El rostro que lo miraba hizo un gesto sorprendido y arrugó un poco el ceño. Lo escuchaba. "Nací en ..." El otro asintió. Fueron conversando hasta que llegó a la parada de su trabajo.

En los días y meses y años que siguieron llegó a depender de las visitas que siempre se efectuaban de la misma forma, y en más de una ocasión, inclinado sobre su escritorio a las tres o a las cuatro de la mañana, un escalofrío le dejó saber que el otro, desde algún lugar fuera del círculo creado por la luz de la lámpara, lo contemplaba. Con el tiempo, y dada su naturaleza que de por sí había sido siempre poco comunicativa, llegó a considerarlo como el ser más cercano a él, y le llenaba de una extraña felicidad el saber que no lo compartía con nadie. Un día, en la obra de un difícil poeta extranjero que había comprado por casualidad y porque no deseaba perder su antigua facilidad para los idiomas, leyó que la forma más pura de la comunicación era aquella que prescinde de las palabras, y al levantar la vista vio al otro que le sonreía desde su mundo de vidrio. Se hubiera completado su felicidad de no haber comenzado a sufrir una infantil necesidad que no había sentido antes y que amenazaba convertirse en obsesión.

Quería verlo de cuerpo entero. Quería saber si era más o menos alto, más o menos grueso, flaco, robusto, enjuto. Una vez que otra, calladamente, dirigió su petición al otro, que lo miró con sus ojos claros inescrutablemente, sin hacer gesto alguno. Sintió el miedo de perderlo y le habló de otras cosas que volverían a colocar la preciada sonrisa en su sitio: los diferentes tonos de verde que descubría en cada parque que visitaba, los olores exóticos del barrio donde habitaban los recién llegados de las islas, el impacto sensual de un bizcocho recubierto de muselina de parcha. Detalles como éstos alegraban al otro, cuyo rostro irradiaba un placer compartido y profundamente comprendido. Una tarde, regresando del trabajo, caminaba por el medio del paseo desde la estación del tren, las tres cuadras bajo los árboles, antes de doblar por la calle estrecha que lo llevaría otras tres o cuatro cuadras hasta su apartamento, cuando, del otro lado de una luz de tráfico, creyó ver la tan familiar camisa tricolor. Apresuró el paso, comenzó a sudar, el corazón le latió ensordecedoramente, quiso gritar ¡para! pero encontró que no emitía ningún sonido; volvió a verla, era cierto, entre los árboles se movía y podía desaparecer en cualquier momento, corrió como por el medio de un juego de soccer, evitando los cuerpos, serpenteando entre las hileras de obstáculos que se movían hacia los lados haciendo comentarios, llegó a una esquina, la luz cambió a rojo, la camisa tricolor parecía haberse detenido, lo había escuchado, se volteaba, era él, era él, con la mirada sorprendida, casi aterrada se abalanzó por el medio del tráfico con las manos extendidas, sin importarle los improperios de los choferes ni los bocinazos de los coches.

De un salto separó la distancia entre la calle y la calzada. Percibió un marco con el rabo del ojo. Hubo acaso quien gritara una advertencia horrorizada. Sus propios gritos, pocos minutos después, se confundieron con los de una señora que se había desvanecido a pocos pasos de él al verlo arrojarse contra el vidrio de un espejo enorme que dos hombres cargaban en dirección a un edificio al otro lado de la calle. Uno de ellos lo sujetaba mientras pedía auxilio a voces y el otro, furibundo, juraba que iba a tener que pagar por los daños. Pero él, a través de la sangre que le corría sobre los ojos y le goteaba sobre la que chorreaba desde sus puños apretados, sólo veía el cuerpo del otro, en el suelo, hecho añicos.

De un salto separó la distancia entre la

calle y la calzada. Percibió un marco con el rabo del ojo. Una mano lo agarró por el brazo y lo atrajo hacia adentro. Los trabajadores que cargaban un enorme espejo destinado a reemplazar el que se había roto en la oficina de un ejecutivo en un edificio al otro lado de la calle, recostaron la pieza cuidadosamente contra una verja de amarrar bicicletas mientras atendían a una señora histérica que, aún después que había llegado la ambulancia y el enfermero le había suministrado una inyección, asegurando que no era nada grave, entre hipidos contaba cómo había visto a este tipo abalanzarse contra el vidrio y desaparecer. Al levantar de nuevo el vidrio, uno de los obreros comentó que parecía mucho más pesado que antes, y el otro respondió que eso pasaba cuando uno descargaba, aunque fuese por unos momentos, y que no debían haberse detenido.

De un salto separó la distancia entre la calzada y la calle. Percibió un marco con el rabo del ojo. Una mano lo agarró y lo atrajo hacia adentro. Desde el espejo que dos trabajadores cargaban en dirección a un edificio al otro lado de la calle, al fin pudo contemplar al otro, de cuerpo entero, la espalda ancha, los pantalones apretados y desteñidos, las botas desgastadas, la chaqueta de cuero negro colgada casualmente sobre el hombro izquierdo, que se alejaba por entre los árboles con el deliberado movimiento de un gato grande, sin mirar hacia atrás, camino a la estación del tren.

EL MACHO

Sentado en una de las sillas de lona, callado, contempla su reflejo en el espejo incierto del cristal de uno de los cuadros de Omar que adornan la sala. Está sin camisa, el pecho cubierto por una maraña de pelo que lo hace aparecer más moreno y que se desliza por el estómago hasta convertirse en una selva sobre el bajo abdomen. Los calzones de dril le caen holgadamente sobre los muslos y se amoldan al bulto que, por no estar utilizando calzoncillos este día de verano, muestra lo que lo define, lo que tanto ella como el maricón que cacarea en la cocina no serían capaces de resistir si se lo propusiera, ahora, pero no, un sudor caliente le cubre las palmas de las manos, se las seca primero sobre el pecho y después sobre el pantalón, es mejor levantarse y dar una vuelta, dejar que el apartamento se enfríe, o dejar que ella se largue a hacer compra y se lleve a esa loca que como quien no quiere la cosa le clava la mirada entre las piernas y le despierta instintos homicidas.

No los tolera. Los aguanta porque ella los considera sus mejores amigos, porque cuando no está con él está con uno de ellos, y eso no es competencia. Si ser culto es ser maricón, el precio es demasiado alto. Ella le dice, me voy corazón, y la otra le dice, chau, no sabe ni despedirse como un hombre. No se molesta en sonreir, alcanza un cigarrillo, se levanta, consciente de una última mirada que no consigue ser furtiva, y los sigue hasta la puerta. La cierra. Regresa, encuentra fósforos, prende el cigarrillo, vuelve a sentarse, y todavía le sube ese buche de resentimiento y de cansancio, sí, de cansancio, la palabra le es nueva, como si nunca la hubiera pensado antes.

Cuando están solos, ella sabe jugar el juego, hembra jugosa y dispuesta. Le gusta que le acaricie la cabellera larga y castaña, descansa sentándose en el piso y buscando con la cabeza las rodillas duras y las piernas musculosas de tanto arrastrar el carrito de cartas. La va despertando lentamente con sus manos fuertes, seguro de que en el mundo de los dos todo queda en su santo lugar, como ha sido desde siempre. No necesitan hablarse y no extraña la falta de conversación.

Todo lo que tiene que decir lo expresa con su cuerpo. El hombre, parco de palabras. La mujer, atenta a la palabra del hombre. Sin saber por qué piensa en su madre, mujer que nunca dio ninguna candela, ni aún cuando el padre llegaba tambaleante, despertando a todo el mundo de un portazo, manteniéndolos despiertos y temblando en las camas, a todos menos a él, que se cubría la cabeza con la almohada e intentaba quedarse dormido diciéndose que los ruidos y los llantos en el cuarto del lado no eran cosa de él.

Sí, ha sabido ser puta y modesta, y no entiende por qué escoge rodearse de esos tipos que le ofenden el alma. El viejo flaco que vive unos cuantos pisos más abajo y que habla como si una de cada tres palabras estuviera subrayada y en mayúsculas: —Pero mijitos, ustedes SABEN que yo NUNCA hago esas COSAS...— Su compañerito, con complejo de Marilyn, siempre en pantalones demasiado cortos que exhiben sus piernas blanduchas y sus muslos fofos. Aquel otro, seco y estirado, con movimientos almidonados y una mariconería frígida y angular que se le congela en los labios. Y sobre todo el que acaba de salir por la puerta, anormal hasta en la apariencia, pelo amarillo, ojos azules, como si hubieran jíbaros gringos, con la libreta de dibujo y los lápices, y a ella se le ilumina el rostro. Se lo lleva para la cocina y lo pone a fregar platos o a alcanzarle ingredientes para una de esas porquerías que le gustan a todos menos a él, porque prefiere sus habichuelas coloradas y su carne medio cruda y el resto a la basura y al carajo. Hablan en español como si ni vivieran en New York, dammit, se creen superiores porque nacieron en la isla, shit, y la loca transforma un inocente y hasta amistoso comentario sobre Bustelo en una disertación de quince minutos sobre los tipos de café que se dan en Yauco, se los puede meter por el culo, eso es lo que tiene que hacer.

Calma, calma. La otra, que todavía le pertenece legalmente, aún existe como posibilidad. No hay dinero para el divorcio, así que se van a tener que contentar con lo que ya tienen, que da para dos y para más. Hace una semana visitó a su nena, una chancletita, sin duda culpa de su mujer. Lo recibió amablemente, pero sin calor. No pasó mucho tiempo después de las cervecitas y la charla; se entregó con el rugido de la hembra que no ha tenido contacto en tiempo, allí, sobre el sofá de la sala, terciopelo rojo forrado de plástico, una belleza, que había comprado cuando todavía no habían comenzado las peleas ni las lágrimas ni las escenas cuando llegaba de la calle demasiado tarde porque ya había conocido a la otra. Intentó explicar lo mejor que pudo que era como la naturaleza lo había hecho, que el hombre afuera y la mujer en la casa. No lo había querido entender, tenía la cabeza llena de esas nuevas ideas que le habían metido en esa escuela del Concourse, le levantó la voz, pretendió desafiarlo, hasta que se encontró tirada en el piso contra la pared con un ojo hinchado y los labios partidos, goteando sangre, mientras él abría los ojos y ahogaba un grito porque entre los dos se encontraba la niña, cuya sangre se mezclaba con la de su madre.

Creyó que había recibido un perdón en los espasmos que habían sacudido el plástico del sofá. Después, sonrió, comentando: "Todavía un tigre, se ve que no te falta práctica". Le contestó la sonrisa, y se disponía a mencionar una posible reconciliación cuando, estirándose como una gata, le había informado que había pedido ayuda a la corte para que no pudiera visitar a la niña. "Y si te nos acercas otra vez te mato o te mando a que te pudras en la cárcel, a ver si te comen el culo de una vez, para que aprendas cómo se siente hacer todo lo que me has obligado a hacer cada vez que te ha dado la gana". Recordó a la otra, una vez que se le había ido la mano en una caricia: "No sabes lo que soy capaz de hacer si me pones una mano encima". Y él, que no le tenía miedo a nadie ni a nada, mientras ella lo empujaba con una uña pálida y afilada, había sentido una infantil necesidad de protegerse.

Shit, la ceniza del cigarrillo ha causado una mancha en la formica de la mesita. Oh fuck. Mejor es salir, como había planeado originalmente. La calle lo llama, su turf, territorio que ha marcado a gargajos y a puños, donde todo el mundo le conoce, donde todo el mundo lo respeta, donde se sabe qué es un macho y qué es una hembra y a los patos se les entra a patadas y a botellazos después que, confiados, han prestado sus servicios. No nació para quedarse entre cuatro paredes. A la memoria le viene la visión de un niño que corre detrás de otro con un palo en la mano. De un teenager que forcejea con su jeba y la aprieta contra el marco de una puerta mientras la gente que pasa pretende no darse cuenta. De un grupo sentado en una esquina bebiendo de una misma botella y riendo mientras los moja el chorro de la bomba de incendio que acaban de abrir. De una figura parada en la escalera de escape, gozando del poco viento que sube y le refresca el sudor, mientras el cielo se va poniendo rojo y las entradas de los edificios se van llenando de voces. La calle. La calle. Cada vez que una hembra se cree que lo tiene pillado, siempre queda la calle, verdadera medida de la libertad de un macho.

Se abre la puerta y ella entra cargada de paquetes, sola. No sabe qué hacer, pero what the hell, no se va a meter en la cocina con ella, así que continúa abrochándose la camisa. Ella pregunta si le va a dar una mano. El contesta: "Eso te toca a ti". Quisiera haberla herido, la espía a través del cristal del cuadro, y le nota en cambio una extraña sonrisa que bien podría ser una mueca de desprecio. Después que termine de cocinar se encerrará con los papeles que tiene que corregir, o con los libros que tiene que leer para los cursos del doctorado. El estará, como tantas otras noches, de más. Lo cual prueba que una mujer educada is a real mean bitch. Shit. Se le olvidaron los calzoncillos. No importa. Let it all hang out. Y ella. Cunt. Allá afuera tiene que haber otras que sepan apreciar lo que ofrece. Allá afuera. Now.

EL PREMIO

Escribió:

Querida Graciela, espero que estés bien en el pueblo de los mangós y la lluvia eterna.

Rompió la nota.

Se encontró situado cuatro veranos atrás, sentado debajo de un árbol, con una carta en el bolsillo y una angustia que le gangrenaba los huesos.

Escuchaba la radio durante la hora libre que le daban cada día de esas dos interminables semanas en las que cumplía su aburrido deber cívico. Jurado.

Sentía el bulto de la carta en el bolsillo trasero del pantalón, quemándole la nalga. Dos semanas antes, había tenido un sueño. Sentado a la mesa con su madre. Ella decía: prepárate, porque te llega una carta desde España con un premio. Se refería sin duda al libro que había enviado a imprimir a Barcelona, los poemas que marcaban el momento fundamental del cambio en su vida, no al manuscrito recién puesto en el correo.

Escribió:

Querida Graciela, aquí te va este último esfuerzo poético. Fue presentado con gran éxito nada menos que en el Centro para la Comunidad Homosexual y vendí muchísimas copias.

Rompió la nota.

Recordó la carta. Felicitaciones. Ha sido uno de los ganadores del concurso de poesía de la Revista La Isla Infinita. Le rogamos que haga acto de presencia para la entrega de premios que se efectuará el 14 de junio de 1989 a las 5.00 pm. en los terrenos del Hotel El Convento.

José Luis: tienes que ir. Nunca ningún puertorriqueño de acá se gana nada en esos concursos. Lo más probable es que miren el matasello y echen el sobre a la basura. Así que lo tienes que hacer, por todos nosotros. Por nosotros, porque es la primera vez.

En la radio: Las estadísticas desgraciadamente prueban que la infección con HIV es fatal —todos los que están infectados morirán.

Manuel, hecho un esqueleto, cuyo médico no acepta Medicaid y le pide que le describa los dolores atroces de estómago por teléfono, le receta píldoras que lo hacen desmayarse por teléfono, le ha gritado en el hospital que se tiene que acostumbrar a la idea de que se va a morir, que se deje de estar pidiendo segundas opiniones.

Manuel, tirado en la cama, aterrorizado de agarrar una pulmonía, intentando comer los plátanos majados, la yautía majada, la yuca majada, las papas majadas, los calditos sin grasa que le trae la Carmen, las batidas supervitamínicas que le trae la Aida, el helado de vainilla que le trae la Gladys; en brazos de William que lo carga al auto para llevarlo a donde Ray, quien le saca radiografías que prueban que no tiene nada en los pulmones, que no tiene ni esto ni aquello, solamente ese dolor de estómago tan parecido al que él mismo siente sentado debajo de aquel árbol, porque de tan cobarde no se atreve a agarrar un teléfono y llamar, preguntar qué premio se ha ganado, negociar ese viaje triunfal que signifique quizás su entrada en el canon literario hasta entonces cerrado, viaje por el cual Manuel está dispuesto a quedarse solo una semana, en manos de amigos.

Manuel: tienes que ir. Acaba de hacer esa llamada. Imagínate, haber ganado un concurso en la isla del desencanto. Si te lo publican, quiero hacer las ilustraciones tan pronto me ponga mejor.

Y desde muy atrás, desde los años de

173

las luchas estudiantiles y la poesía revolucionaria, una voz de mujer, desdeñosa: tu poesía no sirve, tienes que quemarla toda, volver a empezar. Es demasiado lírica, demasiado íntima. Le falta patria.

A ver qué piensan ahora, poesía latinoamericana, poesía revolucionaria, poesía que ha ganado nada menos que un premio.

En la radio: Hasta el momento no se ha encontrado cura alguna para esta epidemia que afecta a los homosexuales y a los drogadictos.

Arnaldo: si yo fuera tú, no iría. No sé si te acuerdas de aquel encuentro de escritores de acá y de allá en el que participó Roberto. Pues cuando él estaba leyendo, la aristocrática invitada, la nena de buena familia con un bachillerato en Humanidades, la directora de esa revista que nunca contesta cuando uno de nosotros envía algo, se burlaba abiertamente de él, aprovechando que estaba a su espalda, y él no se daba cuenta. El público sí que se daba cuenta. No en balde ya Roberto no se aparece ni en los centros espiritistas.

Roberto: mira, lo que quieren es que nosotros, como críticos, reconozcamos lo que escriben, los alabemos, digamos que son grandes literatos. Pero en cuanto a reconocer que también somos escritores puertorriqueños, ni modo. Ahora, si escribiéramos en inglés, si fuéramos neorriqueños —eso sí.

Porque es muy simple— ésos salen del Barrio, son folklóricos y exóticos y no representan competencia. Y si les dejas saber que eres pato, ni te miran. Eso a pesar de que la literatura puertorriqueña está más llena de patos que el Canadá.

Manuel: en el país de los patos domésticos yo quiero ser pato salvaje.

Roberto: han definido la literatura puertorriqueña como literatura producida por puertorriqueños en la isla. No cabemos en la antología.

Carmen: nosotras nos encargamos de cuidar a Manuel.

Aurora: no les hagas caso. Te han escrito. Te has ganado un premio. Te invitan a que vayas a la ceremonia. Todo lo que tienes que hacer es averiguar qué premio te has ganado.

Manuel: mami dijo que venía a cuidarme para que pudieras dar el viaje.

Escribió:

Querida Graciela, te agradezco la invitación pero no sé por qué cada vez que voy a Puerto Rico me pasa algo, la última vez fue el huracán Hugo.

Rompió la nota.

Apagó el radio y caminó lentamente hasta una de las casetas telefónicas. Marcó el número que había escrito en la parte atrás del libro que lo había acompañado toda la semana.

Ring, ring.

Quizás no conteste nadie.

¿Aló?

Buenas tardes, llamo desde Nueva York, recibí una carta anunciando que me había ganado un premio en el concurso de literatura que patrocinan ustedes.

Un segundo, por favor.

¿Aló?

Buenas tardes, llamo desde Nueva York, soy uno de los ganadores del concurso de literatura que patrocinan ustedes.

Ah.

Quería saber qué premio me he ganado porque resulta que estoy cuidando de alguien muy enfermo, necesito hacer arreglos, usted sabe, para dejarlo con gente, usted sabe, porque no puede estar solo.

Ah. Oye, ¿te puedo hacer una pregunta?

Como no.

Tú... ¿eres puertorriqueño?

Sí, lo que pasa es que me crié en Latinoamérica, no sueno como de la isla.

Ah... ya me había dado cuenta, cuando comenzaste a hablar me dije, éste no suena a puertorriqueño.

Perdone, pero estoy llamando desde un teléfono público, ¿me podría decir si es necesario que vaya a la entrega de premios?

¿Cómo dijiste que te llamabas?

Rafael Jusino.

Hubo un silencio.

Mira, no te preocupes, yo no me puedo acordar de tu nombre, y yo me sé los nombres de todos los ganadores así que, si no me acuerdo de tu nombre, quiere decir que no te ganaste ningún premio importante, y no es necesario que vengas a la lectura del laudo.

Gracias...

Manuel: la verdad es que son todos unos cabrones. Pero no te deprimas, tienes que ahorrar tus fuerzas. ¿Y por qué te sorprende? ¿No se lo han hecho a todos nosotros?

Roberto: lo siento tanto, pero tienes que reponerte, seguir trabajando, es por acá que te tienen que leer, y en Latinoamérica. Eres sobre todo un poeta latinoamericano, recuerda lo que dijo el Hostos, la patria grande.

José Luis: hijos de la gran puta. Pero no se te ocurra devolver el premio. Algo es algo. Ahora reconocerás que tengo razón, nos tenemos que dedicar a los nuestros de acá, esa gente no tiene remedio.

Hace cuatro años que Manuel ha muerto. Y cuatro libros.

Este es el que le ha dedicado.

A él, y a todos los otros muertos.

Piensa en Víctor Fernández Fragoso.

Piensa en Manuel Ramos Otero.

Piensa.

En su propia muerte.

Y escribe:

Querida Graciela, aquí te envío copia de mi último libro. Eres la única que lo recibirá por allá, porque ya no me interesa que me lean en Puerto Rico...

BIO-BIBLIOGRAFIAS

Plinio Garrido

Sincé, Sucre, Colombia (11 de octubre de 1948). Escritor, periodista y editor. Ha residido en Venezuela, Japón, México y actualmente en Nueva York. Trabajos suyos han aparecido, en Colombia, en los diarios "El Heraldo" de Barranquilla, "El Tiempo" y "El Espectador" de Bogotá; también, en las antologías del "Concurso de Cuento *Carlos Castro Saavedra*", Medellín 1990 y en "Narradores Colombianos en USA" 1993, del "Instituto Colombiano de Cultura". En México, en los diarios: "Excélsior", "El Nacional" y **"unomásuno"**. En Estados Unidos en "Brújula/*Compass*" del Instituto de Escritores Latinoamericanos, en el periódico **"HOY"**, del cual es Director, y en "el diario/LA PRENSA". En Venezuela, en la revista "Exceso". Ha recibido los premios: Mención de Honor, II Concurso Nacional de Cuento, Cooperativa Médica del Valle, Cali, Colombia, 1985, cuento: "Clímaco el ladrón"; Mención Honorífica en el Certamen Poético "Federico García Lorca", Casa de España-Consulado de España-Queens College, 1986, trabajo poético "Thanksgiving y otros poemas"; Mención Honorífica en el "Concurso de Cuento: *Carlos Castro Saavedra*", Medellín, Colombia 1990, por su cuento: "Elber González ha muerto en el tren A". Ha publicado "Confieso que estoy vivo/ El Virrey de Perú" (poesía en prosa, Nueva York: Editorial Tayrona, 1992) y tiene en prensa "Marucha de Beauvoir" (volumen de novelas cortas). Es miembro del *Program Advisory Board* del "Instituto de Escritores Latinoamericanos". Su novela "La cárcel de Nueva York" (inédita), está siendo traducida al inglés.

Marithelma   Costa

Nació en San Juan de Puerto Rico, estudió filosofía en la Universidad de Puerto Rico y luego se radicó en Madrid, donde recibió una licenciatura en filosofía y antropología en la Universidad Autónoma. Obtuvo su maestría en literaturas hispánicas en Columbia University y el doctorado en el Centro de Estudios Graduados de la City University of New York. Desde 1988 enseña literatura medieval en Hunter College y en el Graduate Center de la City University of New York. Es autora de *Antón de Montoro. Poesía completa* (Cleveland State University, 1990), coautora de *Las dos caras de la escritura: Conversaciones con M. Benedetti, M. Corti, U. Eco, et al.* (San Juan, Editorial Sin Nombre, 1988) y *Kaligrafiando: Conversaciones con Clemente Soto Vélez* (San Juan, Editorial de la Universidad de Puerto Rico, 1990) y tiene dos libros de poesía: *De Al'vión* (Lautaro Editorial Iberoamericana, 1987) y *De tierra y de agua* (Instituto de Cultura Puertorriqueña, 1988). Acaba de terminar *La isla trashumante,* su primera novela, y en la actualidad prepara la colección de cuentos *Entre azul y buenas noches.*

Jorge Ignacio Covarrubias

Nació en la Argentina y es periodista, escritor y traductor. Como periodista de la agencia noticiosa internacional The Associated Press, con sede en Nueva York, ha tenido numerosas asignaciones al exterior y ha escrito desde 18 países de tres continentes sobre una amplia variedad de temas. Asimismo ha colaborado con diarios, revistas y radios de Estados Unidos, México y Argentina. Formó parte del equipo de periodistas y fotógrafos de la AP que ganó el premio de periodismo Tom Wallace, de la Sociedad Interamericana de Prensa (SIP). Individualmente, ganó un premio de periodismo del Diario La Nación, de Buenos Aires. Es autor de un flamante Manual de Técnicas de Redacción Periodística de la AP en español. También es traductor de temas literarios, culturales, científicos y religiosos para algunos de los más importantes organismos y empresas en Estados Unidos y Europa, entre ellos las Naciones Unidas y el Museo de Arte Moderno de la ciudad de Nueva York. Licenciado en letras (MA) por la Universidad del Estado de Nueva York en Stony Brook, ha impartido cursos de traducción en New York University y ha disertado sobre periodismo y literatura en la Universidad de Columbia, en Nueva York. Como escritor ha obtenido menciones en poesía y cuento, y ha ganado la medalla de plata de la Academia Artes-Letras-Ciencias de París como "hombre de letras". Los cuentos "En la estación" y "El mensaje de un millón de años" forman parte de la colección de cuentos recopilada en su libro *Convergencias*.

Irene   Prieto

Nació en México, DF, en 1945. Estudió Letras Francesas en la UNAM y en la Sorbona. Vive en Nueva York desde 1969, trabajando como traductora de las Naciones Unidas. Hizo la maestría de Letras Hispanoamericanas en Hunter College, y terminó los cursos de doctorado en New York University. Ha publicado poemas, cuentos, artículos de viaje, ensayos literarios en revistas de literatura y suplementos culturales de México (publicó una breve obra de teatro en la revista limeña *Hueso Húmero*). También ha participado en lecturas de poesía en México, París y Nueva York, y en concursos de cuento y poesía. En 1991 salió a la luz *Los poemas de Irene* (Nueva York: Ediciones de El Maitén), con la colaboración de Jaime Giordano. Acaba de terminar una colección de cuentos: *La otra mano*, de la que forman parte dos de los tres que aquí se publican, y está por concluir su primera novela.

Alfredo   Villanueva-Collado

Nació en San Juan, Puerto Rico en octubre de 1944. Sus padres emigraron a Venezuela cuando él era niño pero regresaron a la isla al cabo de varios años para luego radicarse en los Estados Unidos. Actualmente Villanueva-Collado reside en la ciudad de Nueva York, donde desempeña labores docentes a nivel universitario en el Colegio Comunal Eugenio María de Hostos. Ha publicado los siguientes libros de poesía: *Las transformaciones del vidrio* (1984); *En el imperio de la papa frita* (1988); *Grimorio* (1988); *La guerrilla fantasma* (1989); *La voz de la mujer que llevo dentro* (1990), y *Pato Salvaje* (1991).

Instituto de Escritores Latinoamericanos
Latin American Writers Institute

The Latin American Writers Institute is a registered charities organization in New York State, receiving funds from the New York State Council on the Arts, CCNY'S Simon Rifkind Center for the Humanities, Con Edison, and The National Endowment for the Arts. In the process of receiving 501 (c)(3) status as a not-for-profit organization, LAWI presently welcomes contributions from corporations, foundations, and individuals through the nonprofit Hostos Community College Advisory Council, Inc.

The mission of the Latin American Writers Institute is to promote the work of Latino writers living in the United States. LAWI seeks to recognize and encourage cultural diversity in its membership and in all of its programs.

This book is made possible, in part, through funding from NYSCA, NEA, and the Office of Academic Affairs at Hostos Community College.